用户知识系统：
专业社交媒体中的知识管理

User Knowledge System:

Knowledge Management in
Professional Social Media

苗润生 / 著

上海科学技术文献出版社
Shanghai Scientific and Technological Literature Press

图书在版编目(CIP)数据

用户知识系统：专业社交媒体中的知识管理 / 苗润生著. —上海：上海科学技术文献出版社，2025.
ISBN 978-7-5439-9379-2

Ⅰ.G206.2

中国国家版本馆CIP数据核字第2025FZ1633号

责任编辑：栾　鑫　李　莺
封面设计：吴　钰

用户知识系统：专业社交媒体中的知识管理
YONGHU ZHISHI XITONG: ZHUANYE SHEJIAO MEITI ZHONG DE ZHISHI GUANLI
苗润生　著
出版发行：上海科学技术文献出版社
地　　址：上海市淮海中路1329号4楼
邮政编码：200031
经　　销：全国新华书店
印　　刷：商务印书馆上海印刷有限公司
开　　本：720mm×1000mm　1/16
印　　张：9.75
字　　数：164 000
版　　次：2025年7月第1版　2025年7月第1次印刷
书　　号：ISBN 978-7-5439-9379-2
定　　价：58.00元
http://www.sstlp.com

前　　言

在移动互联网时代,专业社交媒体为用户与企业提供了有效的交流互动平台:用户在专业社交媒体上分享产品的使用心得,也可以了解他人对产品的评价,帮助自己进行消费决策;企业在专业社交媒体上获取用户的意见与需求,对产品进行重新设计和迭代更新。随着时间的推移,专业社交媒体中积累了广泛的、海量的用户评论语料,成为用户和企业获取潜在知识的一个重要知识源。然而,在专业社交媒体中用户与企业获取有价值、结构化知识的成本十分昂贵。为提升用户与企业获取专业社交媒体中知识的效率与准确性,基于深度学习与自然语言处理技术,考虑专业社交媒体中的用户知识管理流程以及用户语料特点,本书做了以下研究,并进行了创新。

1. 本书设计了专业社交媒体用户知识系统的建模框架,包含四个部分:原始数据库的构建、主题图谱库的构建、知识元库的构建、知识检索与匹配服务的搭建。原始数据是用户知识系统的数据基础;主题图谱库为知识元建模提供知识系统的主题脉络;知识元库在主题图谱上提供了具体的知识单元;知识检索与匹配服务在主题图谱库与知识元库的基础上计算得到知识需求与知识供应,从而向用户传递所需的专业知识。主题图谱库的构建、知识元库的构建、知识检索与匹配服务的搭建,共同支撑起了专业社交媒体用户知识系统建模的核心内容。该系统框架从专业社交媒体用户的海量语料中获取专业知识,并对专业知识进行存储与计算,最终将合适的知识提供给有特定需求的用户,实现了从数据到知识再到知识应用的转换。

2. 本书提出了一种人工参与少、内容纯净且结构合理的主题图谱构建方法。在专业社交媒体用户知识系统总体建模框架中，主题图谱建模是贯穿整个系统建模的核心内容，其为知识元建模与知识检索、匹配建模提供主题基础。本书针对专业社交媒体语料数量巨大、长短不一、专业性强、创作随意性强、口语化的特点，充分利用跳词模型(Skip-Gram)的特性，综合使用语义相似度与上下文关联度建立词语间的关系，然后采用扩充的种子本体词汇与结合本体词汇的隐含狄利克雷分配主题模型(LDA)获取主题与主题词，利用图模型和谱聚类获取主题之间的关联关系与层次结构，构建了专业社交媒体的主题图谱。

3. 本书针对专业社交媒体用户知识系统，提出了一种以主题元素为核心，包含情感倾向、关键词、关键句等元素的知识元结构，并构建了该结构知识元的抽取方法。本书以用户语料为知识来源，首先通过主题模型获取去重后的主题列表；其次基于融合主题特征的时间感知长短期记忆模型(T-LSTM)构建适于专业社交媒体中文本的情感分析模型；再次通过计算各词汇在图模型中的重要性以及各词汇的语义相似度，抽取关键词与关键句，作为对文本主题与情感倾向的解释与补充；最后，将不同元素的抽取方法进行集成，形成专业社交媒体用户知识系统中完整的知识元抽取方案。

4. 本书探索了基于主题图谱与知识元的知识检索与匹配服务建模方法，旨在为向用户或企业提供准确的、精简的、全面的知识服务。本书定义了能够体现知识需求与知识供应真实性、准确性、多样性的知识组织形式。根据知识需求与知识供应的结构特点，采用了基于倒排索引的频繁模式树模型(FP-Tree)、基于双语评估研究模型(BLEU)的相似度矩阵、近邻传播聚类（AP）、关键信息抽取等方法，对知识需求与知识供应进行识别与抽取，同时构建满足准确性与高效性要求的知识匹配方法。通过模拟用户的实际知识搜索流程，对整个知识检索与匹配流程进行了实验与说明。

本书针对专业社交媒体语料的特点与知识需求，将传统文本挖掘技术与深度学习技术相融合，面向知识管理系统的主流方向进行建模，通过专业社交媒体用户知识系统的总体框架建模、主题图谱建模、知识元建模、知识检索与匹配建模，提出了基于主题图谱的专业社交媒体用户知识系统的构建方案，旨在提高用户与企业从专业社交媒体中获取知识的价值与效率，为用户与企业自身的行为决策提供支撑。

目 录

前言 ·· 001

第 1 章　引言 ·· 001
  1.1　背景 ··· 001
  1.2　存在问题 ·· 003
  1.3　用户知识系统构建意义 ·· 005
  1.4　行文思路 ·· 008
  1.5　主要内容与方法 ··· 010
    1.5.1　主要内容 ·· 010
    1.5.2　主要方法 ·· 012
  1.6　本书内容的创新点 ·· 013
  1.7　本书的各章节内容 ·· 014

第 2 章　文献综述 ·· 016
  2.1　知识管理系统综述 ·· 016
    2.1.1　知识管理概念综述 ·································· 016
    2.1.2　知识管理系统综述 ·································· 017
  2.2　主题图谱构建方法综述 ·· 022
  2.3　知识元抽取方法综述 ··· 025

- 2.4 知识检索与匹配方法综述 …………………………………… 027
- 2.5 本章综述 …………………………………………………… 029

第3章 基于主题图谱的专业社交媒体用户知识系统框架建模 …… 033
- 3.1 系统框架建模 ……………………………………………… 034
  - 3.1.1 原始数据库的构建 ………………………………… 036
  - 3.1.2 主题图谱库的构建 ………………………………… 036
  - 3.1.3 知识元库的构建 …………………………………… 037
  - 3.1.4 知识检索与匹配服务的搭建 ……………………… 038
- 3.2 主题图谱、知识元、知识检索与匹配之间的关系 ………… 039
- 3.3 建模数据 …………………………………………………… 040
  - 3.3.1 基于爬虫技术获取原始数据 ……………………… 041
  - 3.3.2 文本预处理 ………………………………………… 043
- 3.4 关键技术 …………………………………………………… 044
- 3.5 本章小结 …………………………………………………… 047

第4章 用户知识系统的主题图谱建模 …………………………… 048
- 4.1 主题图谱建模思路与框架 ………………………………… 049
  - 4.1.1 建模思路 …………………………………………… 049
  - 4.1.2 建模框架 …………………………………………… 050
- 4.2 主题谱图构建方法 ………………………………………… 051
  - 4.2.1 语义相似度与上下文关联度建模 ………………… 051
  - 4.2.2 扩充的种子本体词汇建模 ………………………… 054
  - 4.2.3 结合本体词汇的 LDA 主题抽取建模 …………… 055
  - 4.2.4 基于图模型的主题关联获取 ……………………… 058
- 4.3 汽车之家论坛的主题图谱构建实验 ……………………… 060
  - 4.3.1 汽车之家论坛数据获取与预处理 ………………… 060
  - 4.3.2 汽车领域 Skip-Gram 模型训练与本体词汇扩充 … 061
  - 4.3.3 汽车之家论坛主题抽取 …………………………… 063
  - 4.3.4 汽车之家论坛的主题图谱生成 …………………… 064
- 4.4 本章小结 …………………………………………………… 067

目　录

第 5 章　用户知识系统的知识元建模 068
- 5.1　建模思路与框架 069
  - 5.1.1　建模思路 069
  - 5.1.2　建模框架 069
- 5.2　知识元抽取方法 070
  - 5.2.1　知识元主题抽取建模 070
  - 5.2.2　融合主题特征的情感分析建模 071
  - 5.2.3　关键词句抽取建模 076
- 5.3　汽车之家论坛中的知识元抽取实验 078
  - 5.3.1　汽车文本爬取 079
  - 5.3.2　文本主题抽取 079
  - 5.3.3　情感抽取 081
  - 5.3.4　实验结果分析 082
  - 5.3.5　关键词句抽取 084
  - 5.3.6　重要度加权计算 086
  - 5.3.7　知识元抽取模型集成 087
  - 5.3.8　实验平台 089
- 5.4　本章小结 090

第 6 章　用户知识系统的知识检索与匹配建模 091
- 6.1　建模思路与框架 092
  - 6.1.1　建模思路 092
  - 6.1.2　建模框架 094
- 6.2　知识检索与匹配方法 095
  - 6.2.1　知识需求建模 095
  - 6.2.2　知识供应建模 100
  - 6.2.3　知识检索与匹配的应用流程构建 111
- 6.3　汽车之家论坛中的知识检索与匹配实验 113
  - 6.3.1　用户输入搜索内容 113
  - 6.3.2　识别搜索内容中的汽车实体词汇 114

	6.3.3 识别知识需求	115
	6.3.4 匹配知识供应	119
	6.3.5 知识检索与匹配应用流程展示	125
6.4	总结与建议	128

第7章 未来发展方向 … 129

7.1 专业社交媒体中用户知识系统的未来发展方向 …… 129
7.2 专业社交媒体中的知识图谱构建 … 130
    7.2.1 构建专业社交媒体知识图谱面临的挑战 … 131
    7.2.2 构建框架 … 132
    7.2.3 基于人机协同方式的知识图谱 Schema 半自动构建 … 133
    7.2.4 针对专业社交媒体语料的实体识别建模 … 134
    7.2.5 基于深度学习的"发帖-回复"型文本的实体关系抽取建模 … 136

第8章 总结 … 138

参考文献 … 141

第1章 引　言

1.1　背景

随着 Web2.0 时代、社交媒体时代、移动互联网时代的到来,越来越多的用户在各种社交媒体中发表自己的观点和想法,同时专业社交媒体也得到了繁荣的发展。专业社交媒体是指为对某一特定领域或特定事物拥有共同兴趣的互联网用户在互联网上所聚集并发表观点与创意的社交媒体,因此本书在此定义专业社交媒体为——"互联网用户用于分享和交换针对某一专业事物的意见、见解、经验和创意的内容生产平台"。专业社交媒体是一类特殊的社交媒体,其一般形式为专业论坛或专业社区,例如"汽车之家""小米社区官方论坛""虎扑 NBA 论坛"等。其中,"汽车之家"用户截至 2019 年底已达到 4.3 亿,2019 年上半年新增 37 万篇文章;"小米社区官方论坛"在 2015 年底用户数已突破 3 000 万,每日新增帖子数量超过 10 万,总帖子数超过 2 亿[1];虎扑根据其招股书中信息,2015 年度月活跃用户约为 4 500 万。由此可见,专业社交媒体得到了极大的发展,拥有了广泛的用户群体,已发展成为整个互联网的一块重要拼图。

专业社交媒体对用户与企业来说,都拥有重要的应用价值。对用户来说,一方面,专业社交媒体能够为兴趣相投的用户提供相互交流的平台,用户能够通过分享心得、体验、经历等内容获取愉悦感;另一方面,用户能够通过搜索平台中其他用户或企业所发表的帖子获取自己所需的特定内容,这些内容包括产品评论、购买建议、使用体验等，能够帮助自身进行消费决策或解决使用中出现的问题。[2,3]对企业来说，专业社交媒体能够帮助企业缩短与用户之间的"沟通距离"，从而直接获取用户对产品的评论、建议或创意等信息，对产品进行重新设计和迭代更新。例如，小米手机的 MIUI 系统，其 80% 的改进方向是通过分析论坛用户评价和建议确定，近 30% 的功能直接由用户与企业在小米社区中联合研发。[1]因此，由于专业社交媒体中存在众多活跃用户，随着时间的推移，专业社交媒体中积累了广泛的、海量的用户评论语料，对用户和企业来说这是一个能够获取潜在知识的重要知识源。用户要想做出自身利益最大化的决策，企业要想在激烈的市场竞争中脱颖而出，都需要从专业社交媒体中快捷、高效、低成本地获取高价值的专业知识。

专业社交媒体中积累了大量用户所发表的评论与文章等文本语料，这些语料中蕴含大量有价值的信息。随着移动互联网与专业社交媒体的蓬勃发展，用户能够接触到的信息量呈指数级增长。用户也逐渐发现，支持自身决策行为所需的信息并非是孤立的、碎片化的信息单元，而是在特定背景下、具有针对性与内在联系的"知识"。[4]专业社交媒体中的用户语料包含用户的产品评价、购买建议、使用技巧、亲身经历等内容，其中不乏一些领先用户、专业知识水平较高的用户所发表的专业内容，这些内容来源于用户的切身体验与内心想法，是真实度较高的一手数据，且部分内容拥有较高的专业性，因此海量的用户语料中蕴含丰富的、有价值的专业知识。由于这些专业知识来源于用户，因此亦可称为"用户知识"。

然而，用户知识以碎片化的形式散落在专业社交媒体的海量文本中，这些文本中也包含大量不相干的垃圾信息与灌水内容，导致用户和企业难以直接获取到有价值、结构化的知识。用户或企业为了获取某一相关主题的特定知识，常常需要进行大量的搜索与阅读，同时需要人工对所获取的信息进行分类、去重、判断、汇总，十分耗时耗力。因此，用户和企业直接从专业社交媒体中获取所需专业知识的成本十分昂贵。

为提升专业社交媒体中用户与企业获取高价值知识的效率与准确性，同时降低知识获取成本，需要针对专业社交媒体中的用户知识引入知识管理流程，构建用户知识管理的新方法与新工具，建立完整的知识管理系统进行支撑，即"专业社交媒体用户知识管理系统"，简称为"专业社交媒体用户知识系统"。专业社交媒体用户知识系统，是使用知识管理的方法与流程，对专业社交媒体中的用户知识进行采集与获取、处理与计算、应用与分享等操作的信息系统。专业社交媒体用户知识系统的主要作用包括:从专业社交媒体中的海量用户语料中发现并抽取专业知识,展示专业知识整体的主题脉络;对专业知识进行从非结构化到结构化的转换,并对结构化的知识进行存储;根据知识应用场景的需求,对专业知识进行筛选、聚类、组装、合并等处理,形成符合需求的新知识,最终将合适的新知识传递给有特定需求的用户与企业。

主题是专业社交媒体中的用户在发表评论时想要表达的核心思想,形成完善的主题体系对专业社交媒体用户知识系统中的知识导航与应用具有重要意义。用户与企业作为知识需求方,往往围绕该专业领域的某一主题进行知识检索,主题的作用在于明确所需知识的特定背景以及大致位置,并提供具有主题针对性的专业知识。对于专业社交媒体用户知识系统建模来说,主题应该贯穿于整个知识管理的过程之中,包括知识的提取与加工、知识组织的构建、知识检索与表达等过程。[4]因此,需要将专业社交媒体中海量的文本内容进行主题抽取,对主题进行层次化、结构化、关联化的分门别类,并利用主题之间的内在关系建立知识之间的关系,形成主题图谱。通过对主题图谱中知识主题的层次结构与关联关系进行搜索,能提高用户与企业的专业知识获取效率。[5]此外,用户与企业在获取知识时,能够同时获取知识主题的热度与其他属性,帮助他们加深对知识的理解,提高知识的使用价值。

由于专业社交媒体的蓬勃发展,用户与企业对充分利用专业社交媒体中的用户知识拥有越来越高的期待,他们希望可以通过知识管理系统从专业社交媒体中动态、高效地获取层次化、结构化、关联化的高价值知识,为用户与企业自身的决策制定提供有效支撑。因此,基于用户与企业对专业社交媒体用户知识系统不断发展的真实需求,用户知识系统具有重要的现实意义和应用前景。

1.2 存在问题

根据专业社交媒体的发展背景和用户与企业对专业社交媒体知识的管理需求,针对专业社交媒体中的用户知识系统,还存在以下问题。

(1) 缺少对专业社交媒体中海量的用户语料进行知识抽取与管理的信息系统

随着时间的推移,专业社交媒体中积累了广泛的、海量的用户评论语料,成为用户和企业获取潜在知识的一个重要知识源。然而,从专业社交媒体的语料中抽取有价值、结构化知识的成本十分昂贵,且缺少系统化的知识抽取流程与工具。为了将散落在海量用户语料中的非结构化文本转化为有序的、结构化知识,首先需要构建原始数据收集工具,为知识抽取提供原料;其次,在知识抽取时需要从用户与企业对知识的需求出发,考虑抽取合适知识的内容结构,获取多维度的知识元素;最后,对这些知识进行存储、聚合与组装,将特定专业知识传递给用户与企业。因此,应利用各种信息技术,依照知识管理的机制与流程,针对专业社交媒体中的用户语料,构建专业社交媒体用户知识系统,为专业社交媒体中的知识抽取与管理提供系统支持。

(2) 传统的知识抽取技术难以适应专业社交媒体用户语料的特点

专业社交媒体中的用户语料文本用词较为口语化,对文本内容的描述较为随意,多出现语法错误、错字别字,标点符号使用不规范,且大量使用实体约定俗成的昵称或比喻代替正式的词汇。专业社交媒体中的用户语料的特点可总结为:语料数量巨大、文本篇幅长短不一、所用词语专业性强、创作随意性强、口语化等。传统的知识抽取方法,多采用词袋模型、词频统计、语法句式分析等方法进行知识抽取。然而这些方法受到传统文本挖掘技术的限制,难以适应专业社交媒体中的语料,抽取得到的知识质量较低。随着深度学习技术在文本挖掘领域的发展与应用,知识抽取方法应采用深度学习技术,增强知识抽取算法对语义的理解,提升语义相似度计算的准确性,去除杂乱词汇对知识抽取的干扰,从而提高知识抽取的质量。因此,在专业社交媒体用户知识抽取方法探索中,一方面应充分考虑专业社交媒体中语料的特点,另一方面应采用前沿的深度学习技术,提高用户知识系统获取知识的准确性与完整性。

(3) 从专业社交媒体大量知识中筛选出符合用户需求知识的效率低下

专业社交媒体中包含着数量巨大的知识,用户或企业根据自身需求在专业社交媒体中搜寻相关知识时,希望得到准确的、精简的、全面的知识。用户现有获取知识的方法,多是以关键词直接匹配的方法。该方法所匹配得到的知识结果,需要用户进行大量的阅读,并进行人工筛选与分类,获取所需知识的效率十分低下。为提高用户获取知识的效率,首先应该借助主题在知识导航中的作用,主题能够明确知识的存储位置,通过对知识主题进行层级搜索与关联搜索,能够提高用户的知识获取效率。[6]其次,对用户所输入的关键词,结合知识主题寻找相关联的知识,并对知识进行聚类、组合等操作,形成若干完整的、有层次、有条理的知识集合，能够为用户提供高效且低成本的知识获取服务。因此，本书应在专业社交媒体用户知识系统建模过程中，构建知识的主题图谱，将其应用于知识抽取、知识检索等过程与服务中，并通过知识计算与转换，提升用户与企业从专业社交媒体海量数据中获取知识的效率。

针对上述问题，本书面向专业媒体，提出"针对专业社交媒体语料特点，围绕用户知识主题体系，设计合理的系统总体框架，探索基于深度学习技术的高效、准确的知识抽取方法，构建为用户与企业提供满意知识服务的专业社交媒体用户知识系统"这一科学问题，并以"基于主题图谱的专业社交媒体用户知识系统建模"作为具体问题。

1.3 用户知识系统构建意义

（1）本书拓展了知识管理系统建模的内容

各专业领域的知识管理系统建模已拥有成熟的构建体系，然而专业社交媒体是一种特殊的社交媒体，相比于正式、严肃的科研文献与新闻文本等内容，其具有语料数量巨大、文本篇幅长短不一、所用词语专业性强、创作随意性强、口语化等特点。本书首先针对专业社交媒体文本的特点以及专业社交媒体用户知识管理系统中的知识需求，在知识管理系统建模方法中引入知识管理的流程，拓展并重新定义了知识管理流程相对应的"主题图谱""知识元""知识需求""知识供应"等知识组织。其次，考虑各知识组织的使用场景与需求特点，设计各知识组织的结构，并通过自然语言处理技术、深度学习技术、数据挖掘技术等实现各知识组织的提取与转换。最后，将这些知识组织融入知识挖掘的过程中，结合知识使用的场景，构建匹配算法，为知识获取提供便利性。上述知识系统建模的新内容，旨在提高用户与企业在知识管理过程中的准确度、便捷度、规范度，为专业社交媒体用户知识系统建模提供新内容与新方向。

（2）揭示了专业社交媒体的用户知识系统建模的应用价值

本书在对主题图谱、知识元、知识检索与匹配等知识管理流程建模的同时，对相应知识组织的使用场景与应用价值进行论述，揭示了专业社交媒体的主题知识系统建模的应用价值。

主题图谱是为适应信息资源网络化而出现的一种新兴智能化的知识组织方

式、一种模型化的知识表示技术，可以解决大量的、无序的、非结构化信息的组织问题。[7]专业社交媒体的主题图谱可以将语料中蕴含的知识主题清晰、有序地展现出来，从而为企业的知识挖掘任务提供导航与指引，同时为主题热度的测度与监控提供数据基础。

知识元是围绕知识主题用于操作和管理知识的知识基元。基于数据处理、文本挖掘、机器学习等技术，从专业社交媒体文本中抽取知识元，实现了对知识内容本身的检索、自由操作与管理，同时完成了知识的控制单位从文档到知识元的转变，提高了知识检索与操作的效率与灵活性。知识元的抽取提炼了海量评论语料中的高价值信息，使专业社交媒体中的碎片化、非结构化的知识转换成了系统化、结构化的知识，降低了知识获取的难度与成本。知识元之间的关联度能够帮助知识进行重组与创造，并为知识的量化与评价提供数据支撑。[8]

知识检索与匹配是指，通过知识搜索与知识计算将"知识需求"与"知识供应"进行匹配的过程，即以提高知识的利用率为目的，在海量的知识中建立知识与知识需求之间的联系，把能够解决问题的知识供应提供给相应的知识需求。[9]在大数据时代，从海量的数据中可以提取大量知识元，形成庞大的结构化知识库，为知识使用与创新提供了知识源。然而，企业或用户遇到的无法解决的问题，通常并不是由于知识储备不足，而是无法在海量的知识库中搜索得到准确、有效的知识。在知识创新过程中，将创新目标转化为知识需求，并挑选合适的知识，对其进行组合与转换，实现知识的吸收与再创造。知识匹配方法能够为知识创新提供准确、低成本的知识元，从而提升知识创新效率和效益。

（3）为专业社交媒体中的用户与企业提供了重要的决策支持

本书对专业社交媒体用户知识系统建模，通过主题图谱建模、知识元建模、知识匹配建模等新方法，将非结构化、碎片化的专业知识转化为结构化、有序的、纯净的专业知识，从而在不同的知识需求场景中高效、快捷地为专业社交媒体中的用户与企业提供高价值专业知识，为用户的消费与使用决策以及企业的生产经营决策提供重要支持。

对用户来说：首先，用户在针对某一专业产品进行消费决策时，需要获取该专业产品所在专业领域的知识体系，了解该产品其他用户的评论，以获取决策时需要考虑的关键问题。主题图谱的构建能够帮助用户快速获取主题脉络以及各主题的热度，节省用户翻阅大量评论的时间。其次，用户需要了解该产品主流用户的常见知识需求,以及是否能够通过专业社交媒体满足这些知识需求。强大的专业社交媒体能够给予用户对于产品的安全感,然而用户在刚涉足该专业领域产品时,需要较长的时间才能对该专业产品拥有充分的认识。在用户使用过程中也会出现不同的知识需求,如故障、使用技巧等,需要翻阅大量用户评论进行筛选。而基于主题图谱与知识元构建的知识需求与知识供应,能够帮助用户快速浏览知识需求,并检索是否存在相匹配的知识供应。总之,对专业社交媒体的用户来说,能够以较低的时间成本了解该专业领域的主题热点、关键问题,并通过知识匹配方法获取具体的知识需求与知识供应,有助于进行消费决策、解决产品使用过程中的问题、获取使用建议与技巧等,从而提升产品使用体验与自身满足感。

对企业来说:首先,企业的技术创新与产品创新需要确定方向,而用户的需求与评价是重要的创新依据,专业社交媒体的主题图谱来源于互联网用户的评论语料,主题图谱的构建获取了用户讨论的热点主题以及主题间的关系,能够帮助企业挖掘用户需求、确定创新方向,从而集中资源对企业产品的关键特征进行改进和创新。其次,专业社交媒体的知识元是多种知识管理与创新活动的基础,企业结合主题图谱利用知识元对客户需求的细节进行推敲,从而获得具体创新内容的主意或灵感;利用主题图谱与知识元开展社交舆情的传播仿真研究,梳理社交舆情的主题脉络,监控突发舆情主题事件,为制定舆情治理措施与舆情调控策略提供依据。最后,通过提炼专业社交媒体中的知识需求与知识供应,并结合主题图谱与知识元将知识需求与知识供应映射到相应的主题结构中,形成专业知识的主题脉络,从而为企业的知识搜索与查询提供索引,降低知识获取的难度与成本[6];企业中的知识库系统、知识导航与管理系统以及各类业务系统的数据库结构,需要依据专业知识的结构与特点进行设计,主题图谱的构建以及主题知识匹配方法能够为企业中的各类信息管理系统的数据库设计提供指导,以提高不同系统在数据交互时的效率。总之,对企业来说,快速、准确地进行专业社交媒体中的主题知识挖掘,前瞻性地获取不断变化的主题脉络,并高效、快捷地获取产品研发与改进所需要的专业知识,有助于我国企业快速适应市场需求变化,推动各领域专业知识的管理与利用,提高企业自身的核心竞争力,最终帮助企业在技术与产品创新的角逐中占据制高点。

1.4 行文思路

本书通过思考上述科学问题,以为用户与企业提供专业社交媒体中的用户知识为目的,按照知识管理的一般流程,阐述本书的行文思路,详见图1.1。

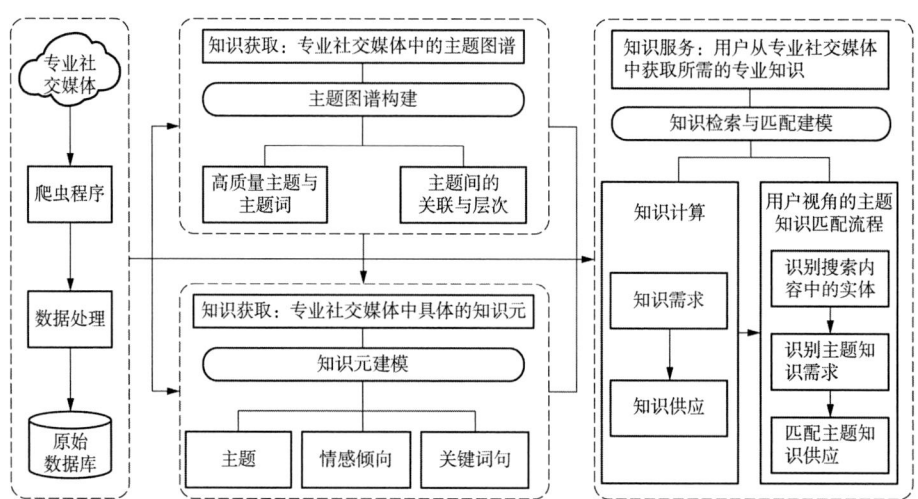

图1.1 专业社交媒体用户知识系统建模思路

专业社交媒体用户知识系统建模的总体思路从两个方面出发:一是从专业社交媒体中获取知识;二是为用户与企业提供专业社交媒体中的用户知识。从专业社交媒体中获取知识,是指充分考虑专业社交媒体中用户语料的特点,通过各种知识抽取方法,从非结构化的、无序的用户语料文本中抽取结构化的、有序的知识。抽取知识时考虑获取两部分内容:一是具有提纲挈领作用的主题图谱;二是储存和表达具体知识内容的知识单元。在知识获取完成后,需要将知识进行计算与组织,同时考虑如何高效、准确地将知识传递给系统用户,为用户与企业提供知识检索与匹配服务。为用户与企业提供专业社交媒体中的用户知识,是指为用户与企业提供知识检索与匹配服务,是对已获取的知识进行筛选、组装、聚合等操作形成新的知识组织,并通过检索用户与企业所提出的关键词,对新知识组织进行匹配,最终将把合适的知识提供给用户与企业。

由于专业社交媒体中的用户语料具有数量巨大、文本篇幅长短不一、所用词语专业性强、创作随意性强、口语化等特点,还应从提高知识获取的准确性与高效性的思路出发,采用前沿的、适合语料特点的方法进行知识获取建模。

依照上述整体建模思路,专业社交媒体用户知识系统建模的思路有三个具体的出发点。

(1) 获取专业社交媒体中的主题图谱

从专业社交媒体的用户语料中抽取知识,首先应该获取用户语料内容的主题图谱。主题图谱可以看作知识的"树干",是知识体系的主题脉络,提供了知识的主题框架,能够为知识导航、知识检索与匹配等应用提供基础。主题图谱不同于一般知识管理系统中的知识大纲或知识目录。主题图谱应具有更广泛的覆盖范围,从全面的专业社交媒体语料数据中进行主题挖掘,且随着语料数据的变化而不断地对主题内容更新与扩充。此外,主题图谱中还应包含各个主题之间的关系,包括主题间的层次关系与关联关系。因此,为了提升专业社交媒体用户知识系统的知识获取与分享效率,主题图谱应该贯穿于整个知识管理的过程之中。总之,获取主题图谱搭建了专业社交媒体中用户知识的主题框架,能够为专业社交媒体用户知识系统建模提供坚实的主题基础。

(2) 获取专业社交媒体中具体的知识元

在获取了专业社交媒体的主题图谱之后,需要从专业社交媒体用户语料中获取具体的知识元。知识元是用于操作和管理知识的知识基元,可以看作依附在主题图谱"树干"上的"枝叶",是知识管理系统的基本内容。设计知识元中的元素时,应尽可能从丰富知识元内容、满足用户与企业知识需求的角度出发,考虑贴切知识主题的多维度知识元,具体元素应包含情感倾向、关键词句等内容。此外,应针对专业社交媒体中的语料特点,在已有知识元抽取方法基础上,结合前沿的文本挖掘技术,保证知识元抽取的高效性与准确性。知识元抽取的高效性能够使系统中的知识元快速适应不断更新的用户语料内容,使知识元具有较高的及时性。知识元抽取的准确性能够提升知识系统用户的使用体验,增加用户获取知识的使用价值。

(3) 基于主题图谱与知识元为用户提供知识检索与匹配服务

在获取专业社交媒体的主题图谱与知识元集合后,应考虑将这些知识提供给对专业社交媒体有知识需求的用户与企业。这些知识可以比喻为依靠知识系统的"树干"主题图谱与"枝叶"知识元而产出的知识"果实"。高质量的知识检索与匹配服务,能够为用户提供低成本的、内容精简的、准确的知识内容。知识检索与匹配服务是建立在已获取的主题图谱与知识元基础之上的服务应用。构建知识检索与匹配服务需要考虑两个方面的问题:一方面是将符合用户需求的、完整的、全面的、高效的知识集合提供给用户,这就需要在检索与匹配过程中构建满足要求的新知识组织,即设计知识需求与知识供应的组织形式;另一方面是站在用户与企业获取知识的角度,构建知识检索与匹配的人机交互与知识计算流程,保证用户与企业获取所需知识的便捷性。

综上所述,本书将通过上述总体与具体的思路,对专业社交媒体用户知识系统建模问题进行阐述。

1.5 主要内容与方法

1.5.1 主要内容

针对已提出的具体问题,按照上述行文思路,本书将通过分析用户从专业社交媒体中获取专业知识的需求,依照知识管理的基本流程,采用自然语言处理、数据挖掘、深度学习等技术,对专业社交媒体用户知识系统进行建模研究,本书包含以下四个方面研究内容。

(1) 构建以知识主题为核心的专业社交媒体用户知识系统的总体框架

在对已有知识管理系统的建模研究进行梳理的基础上,结合知识管理系统的流程与功能,以知识主题为核心,针对专业社交媒体中的语料特点,以为用户与企业低成本、高质量、方便、快捷地提供知识服务为目标,面向知识管理的流程,在已有的建模方法的基础上,对专业社交媒体用户知识系统进行总体建模,从而获得专业社交媒体用户知识系统的总体建模框架。专业社交媒体用户知识系统总体框架的具体内容包含:针对专业社交媒体的用户知识需求,设计合理的、能够涵盖用户知识精髓的知识内容与结构,以满足系统用户对不同层次或阶段知识的不同需求;在语料数量与知识数量迅速增长的情况下,设计高效、准确的知识获取方法、知识检索与匹配方法框架,满足用户对知识的时效性需求与个性化需求,以降低用户与企业获取所需特定知识的难度与成本,提高知识的使用价值。

(2) 专业社交媒体中用户知识的主题图谱构建方法

专业社交媒体用户知识系统的主题图谱是知识导航的基础,为了提高知识的运作效率,知识图谱应贯穿于整个知识系统中,获取知识主题框架以及主题之间的内在关系,能够通过主题对具体知识进行层级搜索与关联搜索,从而提高用户的知识获取效率。因此,针对知识图谱建模的内容包含两个部分:一是专业社交媒体语料中的用户知识主题集合抽取研究;二是知识主题之间的关联关系与层次结构获取研究。在知识主题集合抽取方面,需要针对考虑专业社交媒体中语料的特点构建主题抽取方法,以保证得到的主题词纯净、主题内容贴近该专业领域。在获取主题之间关系方面,需要考虑从多个维度建立主题之间的联系,例如语义相似度、上下文关联度等,以获取主题之间全面的关联关系。总之,主题图谱的构建内容可描述为:设计从专业社交媒体中的海量用户语料中抽取知识主题的方法,并通过该方法抽取得到分门别类的高质量知识主题,同时获取层次化、关联化、多维度的主题间关系。

(3) 专业社交媒体用户知识系统中的知识元抽取方法

从专业社交媒体中的用户语料抽取具体的知识元,是知识管理系统中的基础核心模块,知识元是知识管理系统的基本操作单位。知识元的抽取是从海量的专业社交媒体用户语料中,高效、准确地提炼多维度的知识元,并将其存储与表达。知识元的抽取质量决定了知识服务质量的上限。因此,本书中的知识元抽取方法,一方面要考虑不同维度的知识元元素,另一方面要保证知识元中每种元素抽取的准确性与高效性。构建知识元抽取方法的具体内容包括:设计包含知识元主题、情感倾向、关键词句等元素的知识元结构;构建知识元抽取方法,该方法能够较好地适应专业社交媒体的用户语料特点,能够降低知识元主题元素的冗杂程度,提高情感倾向元素的情感分类准确率,获取得到更加贴近知识元主题的关键词句,从而提升知识元的抽取质量;该方法能够提高知识挖掘的速度,以快速适应不断更新的原始数据内容。

(4) 专业社交媒体用户知识系统中的知识检索与匹配方法

专业社交媒体用户知识系统中的知识量巨大,使用关键词精确检索知识元中每一个词所需的计算资源较大且响应速度相对较慢,返回的知识结果也存在重复率高、相关知识缺失等问题,而使用关键词以模糊匹配的方式获取知识元,存在知识结果相关性低、准确度较低、知识凌乱不成体系等问题。为解决上述问题,本书中知识检索与匹配方法的具体内容为:构建专业社交媒体用户知识系统中的知识检索与匹配方法,该方法根据对系统用户所输入的关键词,结合主题图谱搜索得到相关知识主题与知识元,通过对知识主题与知识元进行聚类、组合、提炼等操作,识别用户真实的知识需求,获取结构化的、全面的、清晰的知识元集合作为知识供应,并将知识供应提供给用户,从而减少用户对搜索结果二次处理的时间,提高用户从专业社交媒体中获取所需知识的速度与有效性。

总之,本书的主要内容为:针对专业社交媒体语料的特点与知识需求,面向知识管理系统建模的主流建模方向,在已有研究的基础上,设计不同使用场景的知识组织结构,如主题图谱、知识元、知识需求与知识供应等,并将传统文本挖掘技术与深度学习技术相融合,通过LDA主题模型、基于深度学习的词嵌入模型、情感分析技术、相似度计算方法、图聚类算法等,对不同知识管理流程所对应的知识组织依次实现与抽取。本书旨在通过对专业社交媒体用户知识系统的建模研究,提高用户与企业从专业社交媒体中获取知识的价值与效率。

1.5.2 主要方法

本书中所涉及的主要科学研究方法包括以下几种:

(1) 文献梳理法

本书搜集并梳理了有关知识管理系统、主题图谱构建、知识元抽取以及知识检索和匹配的相关文献,回顾了现有文献的观点和成果,了解了目前研究的进展和存在的问题,为本书的创新性提供了一定的方向。

(2) 文本分析技术与数据挖掘方法

本书结合文本分析技术与数据挖掘方法,对专业社交媒体用户知识系统的各部分进行建模。本书使用的文本分析技术主要包括分词技术、词嵌入技术、主题抽取技术、情感分析计算、关键词句抽取技术、相似度计算等,用于获取主题词、知识元各元素、文本相似度矩阵等内容。本书使用的数据挖掘方法包括各种聚类方法,如谱聚类、图聚类等,以及频繁项挖掘、索引技术等,这些方法用于挖掘知识间的关系、提高知识获取与检索的效率等方面。

(3) 实验验证法

本书选取了汽车之家论坛作为专业社交媒体的典型代表,将其论坛数据作为实验对象,分别进行了主题图谱、知识元以及知识检索与匹配的建模实验,以此来分析与验证本书所提出方法的有效性。

1.6　本书内容的创新点

本书针对专业社交媒体用户语料的特点，围绕专业社交媒体用户知识建模这一科学问题，沿着"知识系统框架建模—主题图谱与知识元获取—知识检索与匹配"这一行文思路，以知识主题为核心，层层深入展开研究，从用户需求、建模方法与实验验证三个方面进行了探索与实践。本书的主要创新点如下：

(1) 提出了基于主题图谱的专业社交媒体用户知识系统框架

利用知识主题对知识进行存储与搜索，能够在知识获取时通过层级搜索与关联搜索快速定位知识位置并对知识进行聚合与组装，从而提高用户的知识获取效率，进而提升专业社交媒体中用户知识系统的运作效率。因此，本书围绕知识主题，提出了专业社交媒体用户知识系统的建模框架，包括四个部分内容：原始数据获取、主题图谱建模、知识元建模、知识检索与匹配建模。其中主题图谱建模是专业社交媒体用户知识系统框架的核心，它提供了知识体系的主题脉络，从而使系统能够将各个知识元映射到相应的主题中。最终，系统能够借助主题图谱与知识元之间的关系计算得到知识需求与知识供应，进而进行知识检索与匹配，向用户传递所需的特定知识。

(2) 提出了一种人工参与少、内容纯净且结构合理的主题图谱构建方法

本书集成词嵌入技术、本体技术、主题抽取模型与图聚类算法，结合少量的人工参与，提出了专业社交媒体的主题图谱构建方法。该方法充分利用了Skip-Gram模型的特性，基于语义相似度与上下文关联度建立词语间关系来构建知识图谱，并实现对知识图谱的可视化展示。实验证明，本书所提出的方法能够有效提高专业社交媒体文本评论的主题词纯净度。

(3) 提出了一种适合专业社交媒体且准确性较高的知识元抽取方法

针对用户与企业对专业社交媒体用户知识的需求以及专业社交媒体中的语料特点，本书提出了一种"文本主题、主题情感倾向、主题关键词、主题关键句"为结构的知识元抽取方法，且该方法能够降低主题的冗杂程度，提高情感倾向分类的准确率，并使得抽取得到的关键词句更加贴近该文本主题。本书通过LDA模型提取出了专业社交媒体中文本的主题，并对主题进行聚类与去重，形成主题列表。然后通过融合文本主题，构建了适用于专业社交媒体的T‐LSTM模型，为知识元抽取的质量与速度提供了保证。之后结合TextRank算法与主题相似度

算法对文本中的关键词与关键句进行抽取,对主题与情感倾向进行解释与补充。

(4)提出了一种准确、高效的知识检索与匹配方法

本书通过对用户与企业输入的关键词进行检索与匹配,为其提供分层次、有逻辑的专业知识。本书结合知识需求真实性、准确性、高价值等特点,以及知识供应正确性、简单性、多样性等特点,构建了适合专业社交媒体的知识需求与知识供应的知识组织,并设计围绕专业社交媒体中主题的高效匹配算法,构建了完整的知识检索与匹配流程。实验证明,本书提出的知识检索与匹配方法能够提高用户获取知识的效率,降低用户搜索知识的成本。

1.7 本书的各章节内容

本书的专业社交媒体用户知识系统建模,主要内容结构可分为以下七个部分:

第1章 引言

本章节主要介绍了本书的写作背景,明确了本书的具体问题与方法,探讨了其理论与实际意义,并阐述了本书的创新性成果。

第2章 文献综述

本章节对知识管理系统、主题图谱构建、知识元抽取、知识检索与匹配等方面的国内外研究现状进行了系统的回顾与总结,指出了文献中现有方法尚未解决的关键科学问题,进一步说明本书的必要性。

第3章 基于主题图谱的专业社交媒体用户知识系统框架建模

本章节对专业社交媒体用户知识管理系统进行框架建模,描述了框架中的各模块内容与功能,并阐述了该框架中三个核心模块之间的关系。此外,本章节对建模实验使用的数据进行了详细的说明,并介绍了通过爬虫程序抓取数据的方式,以及对数据进行中文分词、词嵌入等文本预处理流程。

第4章 用户知识系统的主题图谱建模

本章节提出了一种专业社交媒体用户知识系统的主题图谱构建方法。该方法从语义相似度与上下文关联度出发,先后通过 Skip-Gram 模型、扩充种子本体词汇、结合本体词汇的 LDA 模型以及图模型,构建专业社交媒体的主题图谱,并对主题图谱进行可视化展示。通过构建以主题为节点的图模型,描述了主题

之间的关联关系;通过谱聚类对主题内主题词聚类,形成子主题,描述了主题与子主题之间的层次结构,同时描述了子主题之间的关联关系。

第5章 用户知识系统的知识元建模

本章节进行了专业社交媒体用户知识系统的知识元建模,提出了一种适用于专业社交媒体文本的知识元抽取方法,其主要步骤为:首先,通过LDA模型提取出专业社交媒体中文本的主题,形成主题列表。其次,采用T-LSTM模型分析用户文本评论的情感倾向。再次,基于TextRank算法与主题相似度算法对文本中的关键词与关键句进行抽取。最后,通过封装程序将帖子文本转换为知识元,形成完整的知识元抽取方案。

第6章 用户知识系统的知识检索与匹配建模

本章节针对用户或企业对专业社交媒体中用户知识的需求,提出了一种有效的知识检索与匹配方法。该方法首先使用知识库的主题图谱与知识元进行知识计算,实现知识需求与知识供应,具体内容包括知识需求与知识供应的组织结构定义,以及根据知识需求与知识供应的结构特点,设计考虑准确度与高效性的构建方法。其次,通过模拟用户的实际搜索流程,对整个知识检索与匹配流程进行了示例实验与说明。本章提出的专业社交媒体中的知识检索与匹配方法是一种有效的知识检索与匹配方法,能够为用户提供分层次、有逻辑的专业知识。

第7章 未来发展方向

本章节对专业社交媒体中的用户知识系统的未来发展方向,从知识系统需求发展趋势以及前沿知识管理技术的发展趋势,分别进行了探讨,指出了可能的发展方向。

第8章 总结

本章节对全文的工作进行了总结,讨论了目前工作尚不完善的地方,对今后将要开展的工作提出了展望。

第 2 章

文 献 综 述

2.1 知识管理系统综述

2.1.1 知识管理概念综述

知识管理(knowledge management)是指发现、获取、存储和使用知识的过程,其目的是在正确的时间将正确的知识提供给正确的人,最大限度地利用知识资源。著名管理学者 Peter Drucker,[10]强调了知识管理的必要性:当今社会判断一个国家实力的关键资源不再是土地、劳动力、资本等传统的物质资源,而是知识。知识的质量和生产效率将直接影响各个组织的绩效。Davenport 和 Prusak,[11]指出学习如何管理知识可以帮助企业加速创新,提升核心业务能力,建立可持续的竞争优势。

不同类型的知识对应着不同的管理方法。按照特征的不同,知识可以大致被分为两类:显性知识和隐性知识(Nonaka 1994; Polanyi 1966)。[12]显性知识是指用文字或数字确切表达的知识。这类知识储存于图书、音频、计算机数据库中,可以系统地传播与共享。比如,书中所揭示的股票市场基本原理可以被认为是显性知识,投资者可以根据此知识来进行买卖股票的决策。与显性知识相比,隐性知识难于表达和形式化,主要是指基于个人经验与直觉的知识。它存储于个人的大脑中,是个人主观意识在长期实践中的积累,难以被共享。比如,一个观察市场多年的股票分析师对股票市场的趋势有自己的见解。正因为显性知识和隐性知识截然不同的特性,新知识的创造存在于显性知识和隐性知识相互转化之中。

知识管理的过程可以按照四个环节开展。①知识发现:从数据、信息或先验知识中发现新的知识。新显性知识的发现主要是采用组合(combination)的方式(Nonaka 1994)。[12]通过多个现有显性知识流的交汇、整合和系统化,新显性知识被创造出来(Nahapiet & Ghoshal 1998)。[13]比如,数据挖掘技术可以用来发现显性数据之间的新关系,从而创建新知识的预测或分类模型。新隐性知识的创造主要采用社会化(socialization)的方式(Nonaka 1994)[12],主要是指不同个人通过共同的活动交流与共享经验。比如,Davenport 和 Prusak(1998)[11]在书中描述了 IBM 公司小组之间的交流讨论,促进了知识共享。②知识获取:Nonaka(1994)[12]在书中指出外部化(externalization)和内部化(internalization)可以分别用来获得显性和隐性知识。外部化是指采用文字、视觉或形象语言(比喻、类比等)将个体的隐性知识转化为显性形式,使他人更易理解(Nonaka & Takeuchi 1995)。[14]内部化是指个体在行动和实践中理解他人的显性知识,将其转化为自身的隐性知识。③知识存储:以合适的组织形式对知识进行存储,以便知识的检索与共享。显性知识可以通过整理分类、创建数据库目录的方式,在个体、团体、企业组织之间交流与传递,实现知识共享。④知识应用:组织利用所获得的知识进行科学决策的过程。合理有效地利用知识可以帮助企业提高市场竞争力。Wiig(1997)[15]在文中指出知识管理可以帮助企业实现知识的最大价值,保障企业的效益水平。

2.1.2 知识管理系统综述

知识管理系统是利用各种知识管理机制和技术来支持知识管理过程的信息系统。伴随着信息技术的飞速发展,知识管理系统的设计与构建也在不断发生着变化。人工智能、Web2.0、云计算等新技术开始在知识管理系统扮演重要的角色。

目前国内外在知识管理系统建模方面已有丰富的研究成果,这些研究主要集中在理论研究、知识管理系统类别研究、知识管理系统流程研究、知识内容抽取方法研究等方面。其中理论研究的主要内容包括知识库的概念、内容、组织、特征、作用等[16]。知识管理系统类别研究是指针对不同数据来源、不同专业领域、不同使用目的各类知识库的研究。知识管理系统流程研究是指制定系统中的知识管理流程,并将其通过信息化手段对流程进行建模;常用流程包括知识获取、知识计算、知识转换、知识分享等。知识内容抽取方法研究的主要内容包括抽取知识的内容与结构研究,以及知识抽取的方法、技术、工具等研究。

从知识管理系统中的知识管理流程角度出发,王君等(2004)[17]提出了基于多个智能体(Agent)的知识获取框架,该框架中通过定义用户交互、知识描述与传递、知识计算与处理三个阶段的不同类型Agent实现知识管理系统的流程,不同阶段的多个Agent可以自主交互、相互协调,从而提高知识管理的可靠性与智能化。杨洁等(2009)[18]构建了包括用户创意、感性知识、用户需求、基本知识在内的用户知识模型,并通过设计纵向的客户知识流程、横向的产品创新设计流程实现了通过用户知识服务引擎的方法帮助企业在产品创新实践中对知识进行集成与应用。刘向斌、杨珉(2009)[19]探讨了如何基于Web 2.0构建企业的知识管理系统,设计的系统具有四个知识管理流程:知识收集、知识组织、知识提炼、知识提升和发布。张艳(2015)[20]针对虚拟社区中的信息冗余和知识结构问题,提出了针对知识密集服务的用户知识管理模型,其流程包括经验知识的抽取、验证、存储以及经验知识的推理、适应、推荐与交流,从而满足了专家对经验知识创新的需求,推动了服务创新能力。刘莹(2016)[21]基于本体进化和知识检索联动运作提出了ERKMS分布式知识管理系统,该系统包括知识共享、知识创造、知识检索三个知识管理流程,并通过本体技术、检索技术、知识匹配算法等实现了高效、准确的用户与知识组织之间的互动。叶春森等(2016)[22]系统地分析了云计算对知识管理系统的影响,并从云计算的视角,按照知识创造、知识存储、知识转移、知识应用等知识管理流程,对基于云计算的知识管理系统再造体系建模,从而揭示云化机制对知识管理系统的价值与意义。Dorasamy等(2017)[23]针对应急管理的场景,构建了应急知识管理系统,其知识流程强调了知识实施与知识反馈,同时通过保证系统各环节的质量以确保知识管理系统的成功构建。Li等(2019)[24]针对物联网应用程序的配置和部署知识,构建了包含知识源获取、知识规则获取、知识编辑、知识检索等流程的知识系统,并通过构建知识规则树的方法分析用户的上下文背景,自动为用户推荐解决方案,从而提供用户所需的物联网应用程序知识。表2.1总结了上述文献对知识管理系统中的流程研究。

表2.1 知识管理系统中的流程研究

研究	知识源	知识流程	构建方法
王君等,2004[17]	网络文本	1. 用户Agent,为用户提供智能接口 2. 协同Agent,提供知识描述、传递与管理 3. 信息管理Agent,实现知识的计算与处理	一种基于Multi-Agent的组织知识获取模型框架,通过多个Agent之间的通信、协作实现知识的传递与管理
杨洁等,2009[18]	产品设计创新知识	1. 纵向流程:客户知识流程,包括知识获取、知识发布、知识应用等 2. 横向流程:产品创新设计流程,包含需求分析、方案生成与评估、方案改善等	通过基于本体理论的用户知识描述,构建知识服务引擎的方法,设计用户知识匹配算法
刘向斌等,2009[19]	企业内部知识源	1. 知识收集 2. 知识组织 3. 知识提炼 4. 知识提升和发布	基于Web2.0技术的知识管理系统,通过知识分类计算以及知识排名算法,提高知识供应的效率与准确度
张艳,2015[20]	虚拟社区中的经验知识	1. 经验知识的抽取、验证、存储 2. 经验知识推理、适应、推荐与交流	运用Agent代理技术,对知识管理流程中的细节进行定义,满足专家经验知识创新需求,推动服务创新能力,从而实现其定义的知识管理流程
刘莹,2016[21]	旅游产品本体、文档	1. 知识共享 2. 知识创造 3. 知识检索	通过本体技术、检索技术、知识匹配算法等实现了用户与知识组织之间的互动,构建了ERKMS分布式知识管理系统
叶春森等,2016[22]	供应链知识	1. 知识创造 2. 知识存储 3. 知识转移 4. 知识应用	通过云服务的价值创新链、存储平台、网络关系、大数据价值等角度机进行分析,实现知识管理系统的再造体系建模
Dorasamy等,2017[23]	应急知识	1. 知识收集 2. 问题诊断 3. 知识计划 4. 知识实施 5. 知识反馈	通过识别应急知识管理系统成功的关键因素,包括知识质量、服务质量、场景质量,按照知识流程构建系统

续表

研究	知识源	知识流程	构建方法
Li 等，2019[24]	物联网应用程序知识	1. 知识源获取 2. 知识规则获取 3. 知识编辑 4. 知识检索	基于构建知识规则树的方法，通过分析用户的上下文背景，自动为用户推荐解决方案（知识）

从知识内容构建角度出发，梳理现有研究中各类知识管理系统相对应的知识内容与构建方法。在知识管理系统的知识内容建模研究中，不同类型知识管理系统中知识内容的侧重点不同，依据不同的用户知识需求，各类型研究主要从知识来源、知识内容与构建方法等方面进行阐述。表2.2展示了不同知识管理系统中所构建的不同知识内容的研究。Xue 等（1999）[25]针对产品设计的资料与数据库，围绕产品生命周期，构建了包含产品特征基元、产品特征实例的产品设计知识库。姜永常（2005）[26]针对科研文献构建了内容为知识元与知识元标引的科研知识管理系统。Velásquez 和 Palade（2007）[27]使用网站数据抽取了用户行为模式知识与知识使用规则作为知识管理系统中的知识内容。吴长彬等（2008）[28]使用国土资源数据库并融合专家经验，构建了包含专题知识、元知识、空间与影像知识的国土资源知识管理系统。Lubliner 等（2010）[29]使用学习资料数据与师生访谈反馈数据，构建了包含课程知识、概念图谱、语义网络等内容的课程知识管理系统。李耀昌等（2010）[30]提出了一种融合网站、信息系统、数据库、文档等数据源的通用知识管理系统构建思路，其知识内容包含知识体系、领域词汇、领域知识元。Santos 等（2012）[31]针对拥有时间点概念的知识集，提出了一种包含知识节点与暂时性约束的贝叶斯知识管理系统。洪婕等（2014）[32]针对产品资料与文本，提出了一种面向工艺流程的专业领域知识管理系统，其中知识内容包含词关系网络与知识包。Xu 等（2019）[33]为了保证基础设施建设的质量，使用累积的检查记录文档，构建了基于本体的数字化公路施工检测知识管理系统，该系统能够自动生成针对各业务场景的检查知识清单，并随着文档的积累持续优化。崔靖华等（2020）[34]针对产品专利数据，构建了包含专利知识结构与个体专利知识的专利知识管理系统。

表2.2 知识管理系统中的知识内容研究

研究	知识源	知识内容	构建方法
Xue等，1999[25]	产品设计资料、产品设计数据库	1. 产品特征基元 2. 产品特征实例	围绕产品生命周期，梳理产品实现过程，从而对产品的特征基元、产品特征实例进行抽取
姜永常，2005[26]	科研文献	1. 知识元 2. 知识元标引	探讨了知识库的方法论，给出了知识库构建的流程：文本物理结构分析、逻辑结构分析、知识元对比、知识元入库
Velásquez & Palade，2007[27]	网站文本（智利虚拟银行网站）	1. 用户行为模式知识 2. 知识使用规则	通过文本分析、用户聚类的方法，抽取用户行为模式知识，并制定具体的知识使用规则
吴长彬等，2008[28]	国土资源数据库与专家经验	1. 专题知识 2. 元知识 3. 空间、影像知识	通过融合专家经验、数据挖掘、机器学习等方法获取各类知识
Lubliner等，2010[29]	学生课程资料、师生访谈反馈数据	1. 课程知识 2. 概念图谱 3. 语义网络	通过融合教师与学生的人工经验，通过术语聚类、知识权重计算等算法构建概念图谱与语义网络
李耀昌等，2010[30]	网站、信息系统、数据库、文档	1. 知识体系 2. 领域词汇 3. 领域知识元	从宏观层次研究了知识库构建思路，提出了自上而下、由外而内、专家参与、动态更新等原则，但未研究知识库构建的具体方法
Santos等，2012[31]	拥有时间点概念的知识集	1. 知识节点 2. 暂时性约束与关联	通过贝叶斯方法建立了知识节点间的概率联系，并通过事件分析建立了和时间节点相关的约束与关联
洪婕等，2014[32]	产品说明书、标准、专利、工艺流程图等语料	1. 词关系网络 2. 知识包	面向工艺流程，结合领域本体，采用了社区发掘聚类技术获取知识包
Xu等，2019[33]	公路施工检测文档	1. 基于业务本体的知识体系 2. 基于活动的优先级知识清单	通过自动生成检查知识清单构建了基于本体的数字化公路施工检测知识管理系统，并持续优化

续表

研究	知识源	知识内容	构建方法
崔靖华等，2020[34]	产品专利数据	1. 专利知识结构 2. 个体专利知识	通过手动对专利进行分类，并使用分词技术定义产品知识本体，形成语义关系，从而实现专利知识的抽取

根据上述研究可知，现有知识管理系统中的知识内容研究，其知识来源多为科研文献、产品文档、领域数据库、专家经验，没有研究将互联网或社交媒体中的用户语料作为知识源。现有研究中的知识内容可基本抽象为两大类，即知识的框架体系以及具体的知识。其中知识框架体系可包含知识本体、知识索引、知识关系、知识规则等。具体的知识则是有序、结构化的知识点，是知识的本身。在侧重知识内容的知识管理系统研究中，针对知识内容的获取，由于大部分研究的时代尚未出现以深度学习为核心的自然语言处理技术的突破，其知识内容多依靠人工构建，同时融合数据挖掘的技术对知识进行处理。而随着深度学习、词嵌入等技术的发展，知识管理系统中的知识内容构建应转向更加自动化、高效、准确的方向发展。

2.2 主题图谱构建方法综述

主题图谱的构建方法分为自动的构建方法、人工参与的自动构建方法。自动的构建方法，主要使用统计学方法与语义分析技术进行主题图谱构建；人工参与的自动构建方法，主要将人工构建的本体或领域词典与自动的构建方法相结合。[35]

自动主题图谱构建方法最初的研究对象为结构化数据。Lacher 等(2001)[36]通过构建针对资源描述框架(resource description framework, RDF)的语法转换规则，将 XML 格式的 RDF 数据映射为主题图谱。Böhm 等(2002)[37]针对汽车技术文本，统计词语在多维共现窗口中出现的次数，计算各词语组合的重要性，将重要的词语组合作为主题，同时根据词语共现频率获取主题间关系。Jose Garcia 等(2012)[38]提出了一种从关系型数据库(relational databases, RDB)中抽取主题图谱的方法，解析了数据库结构与数据内容，同时考虑了数据库的背景知识。自动的构建方法针对 XML、数据库等结构化数据源,能够快速、高效地构建主题图谱。然而,针对结构化数据的自动构建方法适用范围小,难以处理互联网中大量的非结构化文本数据,因此学者又针对非结构化的数据源进行了研究。夏火松等(2016)[39]针对新闻文本,使用 K-means 方法对主题聚类,并通过自动构建同义词典进行同义词替换,降低了主题词的冗余程度。彭云等(2017)[40]通过构建语义关系图,改善了标准 LDA 对于主题词的语义理解和识别能力,从而提高了主题词的纯净度。上述针对非结构化数据的自动构建方法在一定程度上提升了主题图谱中的主题内容质量,但是没有考虑抽取主题与专业领域间的关联性,也没有考虑词语之间的语义相似度与上下文关系,使得主题图谱缺乏与专业领域的贴切性,且内容略显杂乱。

人工参与的自动构建方法能够将专家经验或先验知识融入主题图谱中,提升主题图谱的应用价值,因此学者更倾向采用人工与自动结合的构建方法。[35] Kásler 等(2006)[41]使用了人工构建的专业领域本体以及数据源结构本体,通过自然语言处理技术,针对会议论文集中的文本构建了主题图谱。Dicheva 等(2006)[42]采用与网络用户共同创造(Co-construction)的方法进行主题谱图构建,设计并搭建了用于构建与维护主题图谱的网络环境,通过用户在网络环境中捕捉、分享与获取知识,提取主题之间的关联,将用户的经验融入主题图谱中。Roberson 等(2007)[43]利用人工构建的主题图谱"草稿",通过经验规则自动解析网页文本以抽取主题信息,从而对主题图谱"草稿"进行修改与补充。上述文献通过人工参与构建丰富了主题图谱内容,但是人工构建主题图谱"草稿"或领域本体费时费力,共同创造的方法需要事先搭建用户互动平台,还需要花费时间引导用户行为。因此,对于不断变化的专业社交媒体来说,现有人工参与的构建方法人力成本较高,且无法快速地识别出新出现的主题,导致构建主题图谱的应用价值降低。

主题图谱的构建方法研究还聚焦于获取主题间的关系。常用的方法是建立主题词间关系进行主题词聚类。Suominen 等(2016)[44]针对科研文献,使用了一种半监督的机器学习方法对主题进行分类,将含义相近的主题分为一类,从而描述主题之间的关系。白如江等(2017)[45]针对科技规划文本抽取主题,使用词袋模型计算了主题之间的余弦相似程度,通过该相似度描述了主题之间的远近关系。李煜等(2018)[46]针对图书馆学博士论文文本,将论文中的关键词作为主题词,基于主题词共现关系,采用图聚类的方法描述了主题之间的关系。上述文献以不同的维度建立主题词之间的关联关系,并使用该关联关系进行主题词聚类。但是这些研究在聚类时,词语关系的量化方法依然较为单一,只单独考虑词语共现关系或余弦相似度。此外,也没考虑主题与子主题之间的层次结构。

表2.3 主题图谱的构建方法研究

研究	数据源	人工/自动	构建方法
Lacher 等,2001[36]	语义网络中的 XML 格式文档	自动	通过构建针对资源描述框架的语法转换规则,将 XML 格式文档中的内容映射为主题图谱
Böhm 等,2002[37]	汽车技术文本	自动	统计词语在多维共现窗口中出现的次数,计算各词语组合的重要性,将重要的词语组合作为主题
Jose Garcia 等,2012[38]	关系型数据库	自动	解析数据库结构与数据内容,融合数据库的背景知识,构建规则进行映射
夏火松等,2016[39]	新闻文本	自动	使用 K-means 方法对主题聚类,并通过自动构建同义词典进行同义词替换,用聚类得到的簇构建主题图谱
彭云等,2017[40]	商品评论文本	自动	通过构建语义关系图,改进了 LDA 方法,提升了算法对主题词的语义理解和识别能力
Kasler 等,2006[41]	会议论文集	人工与自动相结合	通过人工构建专业领域本体与数据源结构本体,结合自然语言技术构建
Dicheva 等,2006[42]	网络教育网页文本	人工与自动相结合	用与互联网用户共同创造的方法进行主题谱图构建,将用户在网络环境中的经验融入主题图谱中
Roberson 等,(2007)[43]。	网页文本	人工与自动相结合	利用人工构建的主题图谱"草稿",通过经验规则自动解析网页文本以构建主题图谱
Liu 等,2016[44]	科研文献	人工与自动相结合	使用半监督机器学习方法对主题进行分类,将含义相近的主题分为一类,描述主题之间的关系

续表

研究	数据源	人工/自动	构建方法
白如江等，2017[45]	科技规划文本	自动	使用词袋模型计算了主题之间的余弦相似程度，通过该相似度描述了主题之间的远近关系
李煜等，2018[46]	图书馆学博士论文文本	自动	将论文中的关键词作为主题词，基于主题词共现关系，采用图聚类的方法描述了主题之间的关系

表2.3对上述文献中的主题图谱构建方法研究进行了汇总。

综上所述，已有研究围绕结构化数据、科研文献、新闻文本等数据源展开，采用基于自然语言处理、本体、主题模型、聚类等技术进行主题图谱构建。采用上述方法构建专业社交媒体中的主题图谱，存在以下几个问题：采用纯人工的构建方法，难以覆盖整个专业社交媒体中语料内容的所有主题，使得主题图谱的广度欠缺；难以适应专业社交媒体语料的特点，抽取得到的主题词纯净度较低，且难以保证主题与该专业领域的贴切性；主题图谱是一个开放体系，需要随时间动态更新，现有人工参与的构建方法较为耗时，难以保证主题图谱的时效性；仅通过单一维度计算主题间的关联程度，缺乏综合维度的关联计算，得到的主题间关系不尽合理。

2.3 知识元抽取方法综述

知识元，又称为知识单元、知识元组，是用于操作和管理知识的知识基元，是可以自由切分、表达、存取、组织、检索和利用知识的独立的知识单位。[47]

在知识元抽取研究领域，已有针对不同类型原始数据定义不同知识元结构的研究。姜永常（2009）[48]基于知识网格体系结构，描述了从文本实体层到语义层再到知识单元层的转换框架，从理论与技术层面构建了知识演化框架。温有奎等（2006）[49]对知识元的内容进行了定义与分类，描述并实现了针对文献资源的抽取方案，其知识元的结构包括"类型、名称、内容"三种元素。刘淼等（2012）[50]提出了一种针对科研文献资源的基于主题句的知识元抽取方法，通过计算句子之间的相似度,实现了句子级别的知识元抽取。杨亮(2016)[51]针对新浪微博中的文本,提出了使用句子内信息与全局信息融合的方法,实现了对产品评论语料中的产品属性抽取,进行了基于认知思维模式的情感分析,形成了结构为"产品名称、产品属性、情感倾向"的知识元。Yin等(2017)[52]发现产品评论和其他附加信息(如用户信息和产品信息)对使用神经网络进行情感分析联合分类建模很有帮助。因此本书在这一研究基础上,将文本与文本主题作为特征,使用长短期记忆人工神经网络(LSTM)联合建模,提升了情感分析正确率。Lin等(2020)[53],提出了一个联合神经框架OneIE,该框架旨在从输入语句中提取实体之间的关系和特征,使用ACE数据库中的数据进行实验验证。具体如表2.4所示。

表2.4 知识元抽取方法研究

研究	数据源	知识元结构	构建方法
姜永常,2009[48]	金融年鉴数据	时间、地域、领域、对象、数值、文本	基于知识网格体系结构,通过构建从文本实体层到语义层再到知识单元层的转换框架,实现了知识元的抽取
温有奎等,2006[49]	科研文献资源	类型、名称、内容	通过对知识元的定义和分类,描述并实现了针对科研文献资源的抽取方案
刘淼等,2012[50]	科研文献资源	来源、序号、作者、内容、类型、主题句	通过计算句子之间的相似度,实现了句子级别的知识元抽取
杨亮,2016[51]	新浪微博	产品名称、产品属性、情感倾向	使用句子内信息与全局信息融合的方法,实现了对产品评论语料中的产品属性抽取,进行了基于认知思维模式的情感分析
Yin等,2017[52]	产品评论、产品信息、用户信息、	文本内容、用户信息、产品信息、产品主题、情感倾向	融合产品评论和其他附加信息,联合分类特征构建神经网络进行情感分析,获取了知识元的情感倾向元素
Lin等,2020[53]	数据集:Automatic Content Extraction (ACE) 2005	实体、属性、特征、关系	提出了一个联合神经框架OneIE,从输入语句中提取实体之间的关系和特征,使用ACE数据库中的数据进行实验验证

综上所述，已有知识管理系统中的知识元抽取研究，有以下几个问题需要进一步的探索与研究。首先，已有研究中的知识元结构较为单一，缺少对有价值信息的提炼，在针对专业社交媒体设计知识元结构时，还应考虑知识的主题、情感与关键词句等元素，不仅对知识内容进行抽取，同时对文本包含的隐性知识进行提炼，抽取得到文本的主题与情感倾向等隐性知识。其次，已有研究对主题元素的抽取只考虑了单篇文档内的主题，在抽取主题时应考虑全局性、文档级别的主题元素，同时通过计算主题相似度进行去重，以减少抽取主题的冗杂度。再次，上述研究在抽取文本类别方面的主要抽取对象均为学术文献资源与新闻文本，这些文本数据一般拥有明确的主题分类与关键词，抽取知识元时无须考虑重复抽取主题与关键词，还应针对专业社交媒体文本的特点，使用知识元抽取方法，以提高知识元的抽取质量。最后，上述研究包含对微博等短文本社交媒体的语料进行知识元抽取，这些抽取方法无法适应专业社交媒体中的长文本与专业性词汇，可采用基于深度学习的词嵌入方法支撑主题情感与关键词句的抽取，从而更好地适应专业社交媒体的文本特点。

2.4 知识检索与匹配方法综述

知识检索与匹配的准确程度直接决定着知识利用的效率。根据研究对象的不同，知识检索与匹配方法可大致分为两类：基于知识特性的检索与匹配、基于知识载体的检索与匹配。

知识按特性可分为模糊性、显隐性、及时性、异构性等知识特性，已有研究按照知识的不同特性展开。从现实生活中许多科学领域获取的知识都不具有精确性，可能存在测量误差、表述不清等问题。对于具有不确定性的知识，学者们基于模糊数学的理论（Zadeh，1975）[54]从两个模糊集的距离、贴近度、扎德（Zadeh）的真值以及模糊决策理论四个角度，提出了模糊知识的匹配方法（朱林立等，2008）[55]。从知识显隐性的角度出发，赵涛等（2006）[56]研究了如何运用隐性语义标引模型，实现用户简档与企业知识源、用户简档之间的相互匹配。晏自翔等（2017）[57]运用赫尔巴特（Herbart）形式阶段理论，研究了隐性知识的动态匹配过程。阳小华等（2010）[58]建立了基于隐性知识的信息检索多维匹配模型，实现信息检索中隐性知识的合理匹配。在突发的舆情事件中，知识需要具有及时性。王庆全等(2009)[59]提出了基于范畴论的应急知识检索与匹配框架,使应急决策有据可依。龙飞(2011)[60]提出了基于云模型和云计算的高精度匹配方法。此外,知识在各个组织中存在的形式复杂多样,Rubiolo 等(2012)[61]提出了基于神经网络(artificial neural network)的本体匹配模型,用于语义 Web 上的知识源发现。郭韧等(2017)[9]结合证据推理理论与知识融合方法,对网络舆情知识进行有效匹配。具体如表 2.5 所示。

表 2.5 基于知识特性的知识检索与匹配方法研究

研究	知识特性	技术方法
朱林立等,2008[55]	模糊性	从距离、贴近度、Zadeh 的真值以及模糊决策理论四个角度研究模糊知识的匹配
赵涛等,2006[56]	显隐性	基于隐性语义标引模型的用户简档与企业知识的匹配方法
晏自翔等,2017[57]	显隐性	基于 Herbart 形式阶段理论的隐性知识动态匹配方法
阳小华等,2010[58]	显隐性	基于隐性知识的信息检索多维匹配模型
王庆全等,2009[59]	及时性	基于范畴论的应急知识检索与匹配框架
龙飞,2011[60]	及时性	基于云模型和云计算的高精度匹配方法
Rubiolo 等,2012[61]	异构性	基于神经网络的本体匹配模型
郭韧等,2017[9]	及时性	证据推理理论与知识融合方法

知识不同于一般的有形产品,其需求外化需要依赖于一定的知识组织工具,例如信息系统、知识库等(杨小云和陈雅,2004)[62]。落后的知识组织工具会造成知识匹配出现较高的误检率,降低知识需求方的服务满意度。因此,不少学者借助最新的信息技术,优化知识管理系统与知识共享平台。Sheng-Hao Hung 等(2010)[63]基于语义角色标记技术和词汇-句法匹配技术提出了网络上知识的自动检索算法,拓展了语义网络的架构。孙玥莹等(2019)[64]建立了基于领域知识库的科技术语信息匹配模型,来提升科技术语的翻译质量。马雨萌等(2019)[65]针对中药活血化瘀领域,提出了基于文献知识构建专题知识库的方法,来满足中医药领域科研人员的个性化需求。具体如表 2.6 所示。

表 2.6　基于信息系统的知识检索与匹配方法研究

研究	知识源	研究方法
Sheng-Hao Hung 等，2010[63]	网络知识	基于语义角色标记技术和词汇-句法匹配技术的自动检索算法
孙玥莹等，2019[64]	领域知识库	基于领域知识库的科技术语信息匹配模型
马雨萌等，2019[65]	文献知识	中药活血化瘀领域专题数据库底层知识模型

综上所述，已有文献中知识检索与匹配方法给专业社交媒体用户知识系统中的知识检索与匹配提供了启示：一方面，需要针对不同特性的知识，构建不同的检索匹配方法；另一方面，需要知识的不同信息载体，采用不同检索与匹配技术。此外，已有知识检索与匹配研究中，往往是直接根据用户输入知识需求的关键字进行精确或模糊检索，没有事先对知识需求的主题方向进行判断，导致返回的知识结果难以满足用户真实的知识需求。已有研究中的知识检索与匹配的效率与准确率需要进一步提高，不应仅限于知识构建全文索引，且在计算文本相似度时应考虑多维度的加权相似度。最后，已有研究的方法为用户返回的知识结果一般按照相似程度排序，并未对相似性高的知识进行聚类与组合，导致重复的知识内容散落在大量的知识结果中，应对知识结果进行分层与分类，从而提高知识结果的价值与可理解性。

2.5　本章综述

本章围绕专业社交媒体用户知识系统建模研究中的流程与内容，对知识管理系统建模、主题图谱构建方法、知识元抽取方法、知识检索与匹配方法分别进行了梳理与总结。研究发现，虽然针对不同领域的知识管理系统研究已有较多积累与成果，但针对专业社交媒体用户知识系统的研究仍处于空白状态，需要进行新的探索。本书根据已有研究的内容，认为在以下几个方面，存在一些重要的问题需要优先展开研究。

（1）专业社交媒体用户知识系统建模方面

梳理已有知识管理系统研究可知，现有知识管理系统建模研究在面对专业社交媒体领域时,主要存在以下几个问题:①已有知识管理系统建模研究的知识来源多为严肃正式的科研文献、产品文档、领域数据库、专家经验,这些建模研究并不适用于专业社交媒体中的用户语料;②现有研究中知识管理系统的知识框架与知识内容,难以满足用户与企业对专业社交媒体中用户知识的需求,体现在知识框架覆盖范围较窄,知识内容维度较少,难以高效、准确地为用户与企业提供所需知识;③知识框架只用于知识分类与知识导航,缺少对知识主题的融合与利用,应将知识主题贯穿于整个知识管理系统,以主题为核心对知识进行聚类、组装,以达到提高知识利用效益的目的;④已有知识管理系统研究中,知识内容获取所使用的技术多为传统的文本分析技术,且需要较多的人工参与,随着以深度学习为核心的自然语言处理技术的快速发展,知识内容抽取应更加自动化、智能化,抽取结果应有更高的质量与准确性。

因此,本书在知识库构建研究时,将针对专业社交媒体用户的语料,采用基于深度学习的前沿文本分析技术对知识管理系统进行建模,一方面延续、借鉴现有知识管理系统中的知识管理流程与知识内容思想,另一方面探索适合于专业社交媒体用户知识的知识框架体系与具体知识,并最终通过专业社交媒体用户知识系统为用户与企业提供高质量的专业知识。

(2) 主题图谱构建方法研究方面

已有的主题图谱研究缺少对专业社交媒体中用户知识需求以及语料特点的考虑,采用已有研究中的方法构建专业社交媒体的主题图谱,存在以下几个问题:①采用纯人工的构建方法,难以覆盖整个专业社交媒体中语料内容的所有主题,使得主题图谱的广度欠缺;②抽取得到主题词纯净度较低,且难以保证主题与该专业领域的贴切性;③人工参与的构建方法较耗时耗力,难以保证主题图谱的时效性,缺少动态更新主题图谱的能力;④现有计算主题图谱中的主题间的维度较为单一,缺乏综合考虑的关联度定义,应从多维度考虑主题之间的关联关系。

因此,本书将集成词嵌入技术、本体技术、主题抽取模型与图聚类算法,使用全量专业社交媒体中的语料,并结合少量人工参与,探索覆盖度广、主题纯净且贴合专业领域、包含不同维度主题间关系的主题图谱构建方法。

(3) 知识元抽取方法研究方面

基于已有知识管理系统的知识元抽取研究,针对专业社交媒体中的语料进行知识元抽取,存在以下几个问题:①已有研究中的知识元结构较为单一,缺少

第 2 章 文献综述

对有价值信息的提炼;②已有研究在主题元素的抽取时,其主题冗余度较高,导致知识元中的主题模糊、不清晰;③上述研究的主要抽取对象均为学术文献资源、新闻文本等,这些文本一般拥有明确的主题分类与关键词,而专业社交媒体文本需要从文本内容中抽取主题分类与关键词句;④上述研究中的原始文本数据,不包含专业社交媒体中语料的特点,因此这些抽取方法无法适应专业社交媒体中的长文本与专业性词汇。

针对上述问题,本书在针对专业社交媒体的知识元建模时,应考虑对知识元添加知识主题、情感倾向与关键词句等元素,在抽取知识主题时考虑减少主题的冗杂度,并针对专业社交媒体中的语料特点,采用词嵌入技术、深度学习技术、图模型技术等实现对知识元中各元素的抽取,从而获取适合专业社交媒体文本特点以及满足用户与企业知识需求的知识元。

(4) 知识检索与匹配方法研究方面

对已有知识管理系统中的知识检索与匹配方法进行梳理,存在以下几个问题:①已有知识检索与匹配研究中的方法,缺少对知识需求主题内容的把握,难以识别用户真实的知识需求,以致返回的知识难以满足需求;②已有研究中的知识检索与匹配效率较低,少有研究聚焦于以空间换时间的思路,缺少根据不同匹配依据建立索引的方法研究;③已有研究的方法在进行知识检索与匹配时,使用的知识元间相似度计算维度较为单一,缺少加权相似度的计算方法;④已有研究的方法,为用户返回的知识结果较为凌乱,缺少对知识进行系统的分类或聚类,导致重复的知识内容散落在大量的知识结果中,影响了用户的知识获取效率。

针对上述知识检索与匹配方法研究中的问题,本书在设计知识检索与匹配所需的知识组织与检索匹配方法时,首先应考虑通过用户与企业输入的关键词,识别主流、广泛存在、真实的知识需求,然后通过定义加权的知识元相似度,对知识元进行匹配与聚类,最终将聚合的知识元集合作为层次化知识供应提供给用户与企业。

综上所述,本书中的用户知识管理系统建模将借鉴上述已有研究中的建模思想,针对已有研究中存在的问题,在以下几个方面进行研究与探索:在知识管理流程方面,按照知识获取、知识计算、知识应用的思路进行框架建模;在知识内容方面,用户知识来源于专业社交媒体中的用户语料,知识内容包括主题图谱与知识元,其中主题图谱是知识的框架体系,知识元是具体的知识内容;在知识应用方面,面向用户与企业的知识需求,通过设计合理的知识组织与检索匹配算法,构建高效、准确、全面的知识检索与匹配服务,为用户与企业提供所需的专业知识;在构建方法方面,采用文本挖掘技术、深度学习技术、数据挖掘技术等,探索知识管理的建模方法,构建适合于专业社交媒体的用户知识管理系统。

第 3 章
基于主题图谱的专业社交媒体用户知识系统框架建模

专业社交媒体用户知识系统,是针对专业社交媒体中用户知识的一种管理系统。知识管理系统是利用各种管理机制和技术支持进行知识管理的信息系统,其功能按照知识管理的流程划分,一般包含三个方面功能,即知识获取、知识处理、知识应用。因此,对专业社交媒体用户知识管理系统的功能可以作如下描述:从专业社交媒体用户的海量语料中获取专业知识,并对专业知识进行处理,形成新的专业知识,最终将合适的专业知识提供给对知识有特定需求的用户。

随着专业社交媒体的发展,越来越多的用户在各种专业社交媒体中展示自己的观点和创意,评价产品性能和特点,反映产品缺陷和问题,对比分析不同品牌间相似产品的差异与优劣。也有许多用户从专业社交媒体中获取产品的使用经验和购买建议,用户的消费选择受到了专业社交媒体中内容的重要影响。因此,对个人消费者来说,需要通过专业社交媒体获取特定产品的购买建议与使用经验;对企业来说,需要从专业社交媒体中快速、准确地获取用户的产品需求与产品评价。

然而,用户和企业难以直接从专业社交媒体中获取有价值、结构化的专业知识,常常需要进行大量的搜索与阅读。现有专业社交媒体中的知识获取方法普遍为"关键词匹配"的搜索方法。但通过关键词进行精确匹配,其结果仅仅筛选出了包含关键词或与关键词相关的用户语料。由于这类语料的数量巨大、主题各不相同,用户和企业要想获取所需的关键知识,需要依次人工浏览每一篇语料并进行总结。此外,使用对关键词模糊匹配的方式获取知识,存在结果相关性差、准确度低、知识凌乱不成体系等问题。总之,企业和用户获取所需专业知识的成本十分昂贵且效益较低。

综上所述,对专业社交媒体用户知识系统进行建模研究有重要的应用价值。该系统的建模目标为:能够自动化地收集海量的用户语料,并将散落在用户语料中的非结构化、碎片化的专业知识抽取出来,并转化为有序的、纯净的、结构化的专业知识,最后通过知识检索与匹配方法将知识输出为用户与企业所用。对用户来说,能够以较低的时间成本了解该专业领域的主题热点、关键问题,并通过知识检索与匹配方法获取具体所需的专业知识,从而为自身的消费与使用提供决策支持;对企业来说,前瞻性地获取不断变化的主题脉络,并高效、快捷地获取产品研发与改进所需要的专业知识,有助于企业自身快速适应市场需求变化、持续发展并赢得竞争。

本章节针对专业社交媒体中的语料特点,以用户与企业通过知识管理系统低成本、高质量、方便快捷地从专业社交媒体中获取知识为目标,面向知识管理的流程,在已有建模方法的基础上,对专业社交媒体用户知识系统进行总体建模。

3.1 系统框架建模

专业社交媒体用户知识系统的建模框架如图3.1所示。

图3.1中的专业社交媒体用户知识系统建模框架,自下向上、自左向右地描述了用户知识系统中,从专业社交媒体语料数据到专业知识的建模流程。语料数据从专业社交媒体中经过层层计算、提炼、融合、聚类等处理形成内部知识库,最终通过知识检索与匹配服务形成知识集合提供给用户或企业。

拆解该建模框架,可以分为四个模块,分别为:原始数据获取、主题图谱建模、知识元建模、知识检索与匹配建模。图3.1中的每个方框展示了上述四个部分建模内容,可见图中的主题图谱建模部分,与系统中其他三个模块之间都存在数据连接,主题图谱的内容贯穿了整个专业社交媒体用户知识系统建模框架。下面将更加详细地介绍各模块的建模内容以及所用技术。

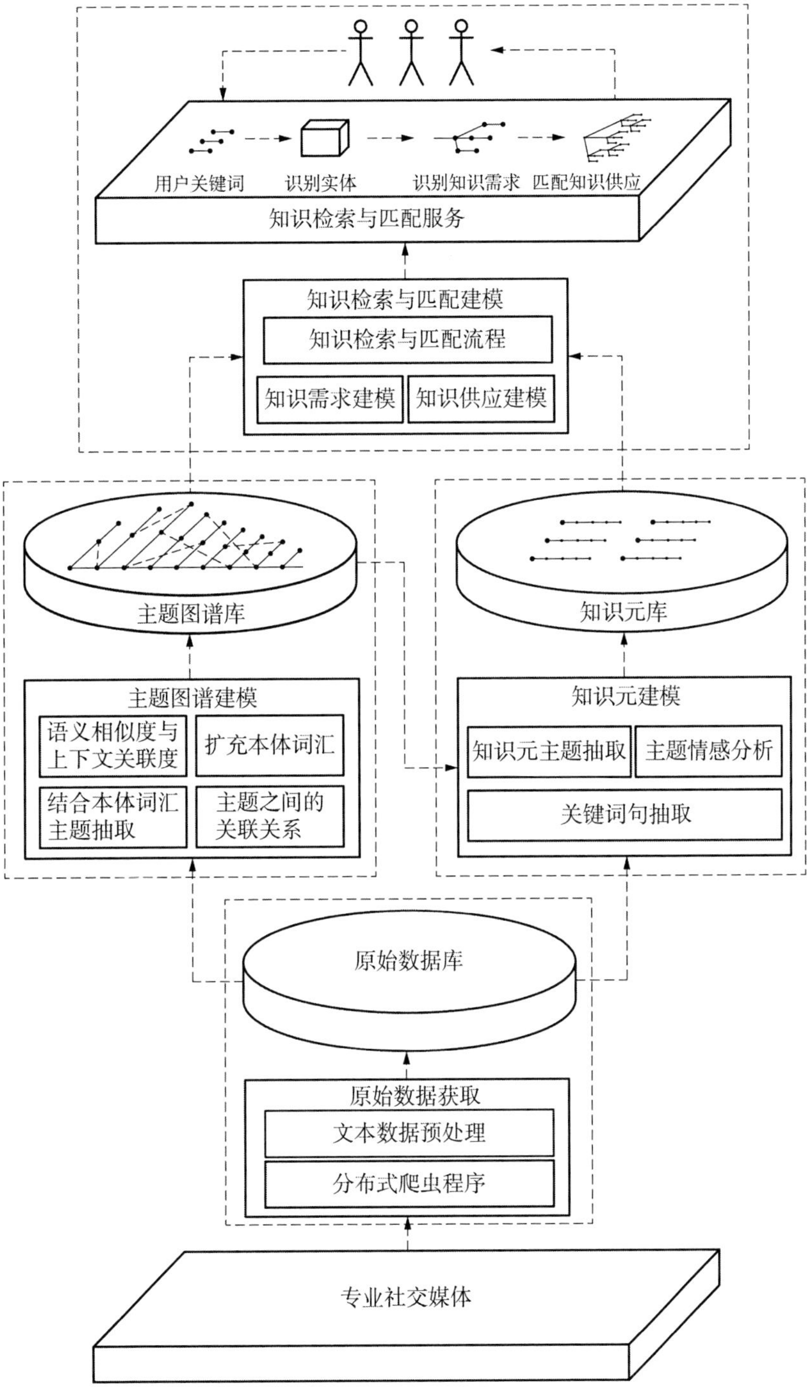

第3章 基于主题图谱的专业社交媒体用户知识系统框架建模

图3.1 专业社交媒体的用户知识系统建模框架

3.1.1 原始数据库的构建

原始数据库的构建模块是用户知识管理系统的数据基础,为用户知识管理系统中的主题图谱、知识元的抽取转换提供原始数据库,因此该模块处于建模框架图3.1中的最底层。

原始数据的获取主要通过构建分布式爬虫程序,然后从专业社交媒体中爬取用户语料文本,并存入原始数据库。此外该模块还通过解析专业社交媒体或该专业领域中的其他专业文档和数据库文本,获取该专业领域本体词汇。由于专业社交媒体中的用户语料数据存在质量参差不齐的情况,还需对已获取的原始文本语料进行数据清洗与文本预处理,最终形成原始数据库。

3.1.2 主题图谱库的构建

主题图谱是为适应信息资源网络化而出现的一种新兴智能化的知识组织方式,其目的是展现某一专业领域内的主题全貌与主题间的关系。[7]主题图谱库的构建目标是获取专业社交媒体的用户知识框架,即知识的"树干",从而构建主题图谱库。专业社交媒体中的用户知识都是围绕主题存在的,用户知识是连接主题"树干"的"枝叶",因此在该系统中,主题能够为知识添加动态的、丰富的分类维度,从而为知识的存储与检索提供导航。因此,主题图谱库能够为知识元建模、知识检索与匹配服务等提供基础,是整个专业社交媒体知识管理系统的构建基础。如图3.1所示,主题图谱库的构建位于建模框架中原始数据库层的上方左侧,为其右侧的知识元建模与上方的知识检索与匹配建模提供主题基础。

主题图谱与一般知识管理系统中的知识大纲或知识目录不同。一方面,主题图谱具有更高的广度。构建主题图谱需要使用全面的专业社交媒体语料数据,其中主题内容的抽取以算法自动从语料中抽取为主,人工构建为辅,因此构建的主题图谱内容可覆盖专业社交媒体中的所有主题,且随着语料内容的变化不断更新,增加新的主题,从而使主题图谱建模实现更高的广度。另一方面,各个主题之间并不是孤立存在的,主题图谱的内容还包含主题之间的关系:各主题之间存在包含关系,即父主题与子主题的关系;各主题之间存在关联关系,如语义相似的关系、在上下文中相邻近的关系。总之,主题图谱相比一般的知识大纲或知识目录,其主题内容更加广泛,且包含了不同类别的主题间关系。

主题图谱库构建的主要任务是:探索使用专业社交媒体用户语料的主题图谱构建方法,并完成主题图谱的抽取与入库,形成主题图谱库。主题图谱包含两方面主要内容:一方面包含知识的主题目录,即具体的主题,表达知识的核心概念与主旨;另一方面包含主题间关系,即主题之间的关联关系与层次结构。在探索主题图谱构建方法时,应保证通过该方法能够抽取得到"主题词纯净"且"与专业领域贴切"的高质量主题,并获取"结构合理""层次分明"的主题间关系,同时,该构建方法还应尽量减少人工参与,以提高构建效率。

本建模框架中的主题图谱库构建,将采用深度学习与自然语言处理技术,通过构建词语语义相似度与上下文关联度模型、扩充的本体词汇模型、结合本体词汇的主题抽取模型、主题之间的关联关系模型,构建主题图谱。

3.1.3 知识元库的构建

知识元又称为知识单元、知识元组,是用于操作和管理知识的知识基元,是可以自由切分、表达、存取、组织、检索和利用知识的独立的知识单位。通过对知识元进行检索、融合、聚类、组装等操作,能够根据知识需求快速选取知识或形成新知识,从而为知识管理系统中的知识服务提供坚实基础。如图3.1所示,在建模框架图中,知识元库的构建在原始数据库层的上方,在主题图谱库的右侧,其输入数据来源于原始数据库以及主题图谱库,最终为其上方的知识检索与匹配服务提供知识基础。

知识元库构建的任务是:将专业社交媒体中的用户语料转化为结构化的、有序的知识元,并进行存储,形成知识元库。根据专业社交媒体中用户或企业的知识使用需求,借鉴已有研究中的知识元结构,本书设计了以主题元素为核心,包含情感倾向、关键词、关键句等元素的知识元结构,通过该结构能够以精简的形式较为全面地反映知识元中的关键信息。

知识元库构建的主要要求包括:一是针对专业社交媒体语料数量巨大、长短不一、创作随意性强、口语化的特点,以及知识服务与应用的使用需求,设计合理、全面、精简的知识元组织结构;二是探索能够保证知识元抽取效率以及知识元中各元素准确性的自动化抽取方法。

本建模框架提出了一种以文本标题与文本内容为数据源,结构为"文本主题、情感倾向、关键词、关键句"的知识元，并基于 LDA 模型、深度学习以及图聚类等技术构建高效且准确的知识元抽取方法，实现由原始数据到结构化知识的转换，最终形成知识元库。

3.1.4 知识检索与匹配服务的搭建

知识检索与匹配服务层直接与系统用户进行交互，是专业社交媒体用户知识系统为用户提供的知识服务。知识检索与匹配是指通过对知识进行检索与计算，将知识需求与知识供应进行匹配[9]，从而为用户提供满足其需求的知识服务。如图 3.1 所示，知识检索与匹配建模在框架图中的最上层，在主题图谱库与知识元库的上方，其数据基础包括原始数据、主题图谱与知识元数据。

知识检索与匹配以提高知识的利用率为目的，在海量的知识中建立知识索引以及知识内容与知识需求之间的联系，从而在用户进行知识检索时，识别用户知识需求，并能够将解决问题的知识供应提供给相应的知识需求。知识检索与匹配通常是用户获取知识的入口，其获取知识的速度与准确度对用户体验至关重要。常用的知识检索与匹配方法包括关键词精确匹配、集合相似度或模糊距离计算等方法，获得的知识完整性与准确性较低。本建模框架中的知识检索与匹配服务，通过设计合理的知识需求与知识供应知识组织、构建高效准确的匹配算法，将知识元依据知识需求进行聚类与组合，形成满足用户需求的知识集合，为用户提供高效、有价值的专业知识。

本建模框架中的知识检索与匹配服务搭建，在知识组织方面的建模内容包括基于主题图谱的知识需求建模以及基于知识元的知识供应建模。在检索与匹配算法方面，其主要内容包括构建合适的知识索引、设计合理的相似度指标、构建高效的聚类与匹配算法等内容。此外，知识检索与匹配服务搭建还包含检索与匹配的流程构建，该流程的设计参考用户在知识获取时用户与系统的交互步骤与知识管理系统中的知识计算步骤，最后通过模拟用户进行知识检索，验证知识检索与匹配的效果。

本建模框架将基于索引技术、深度学习技术、相似度计算方法、聚类方法等对知识需求与知识供应进行建模，形成适用于知识检索与匹配的知识组织，然后通过设计包含"用户输入关键字""实体识别""知识需求识别""知识供应匹配"四个步骤的用户知识检索与匹配流程，从而为用户构建专业社交媒体用户知识系统中的知识检索与匹配服务。

3.2 主题图谱、知识元、知识检索与匹配之间的关系

从知识管理系统的角度来看，主题图谱建模、知识元建模、知识检索与匹配建模之间具有按照知识管理流程顺序的递进关系。将专业社交媒体用户知识系统比喻为"树"，其内部流程可以比喻为从专业社交媒体用户语料的"土壤"中汲取"营养"，并向用户与企业输送知识"果实"的过程。其中主题图谱建模提供了知识体系的主题脉络，是知识管理系统的"树干"；知识元建模在主题脉络上提供了具体的知识单元，是知识管理系统的"枝叶"；知识检索与匹配建模在主题图谱与知识元的基础上计算得到知识需求与知识供应，从而向用户传递所需的特定知识，这些特定知识是知识管理系统的"果实"。

从建模内容上看，主题图谱建模、知识元建模和知识检索与匹配建模之间还存在具体的依赖关系。图 3.2 描述了主题图谱建模、知识元建模和知识检索与匹配建模之间的依赖关系。

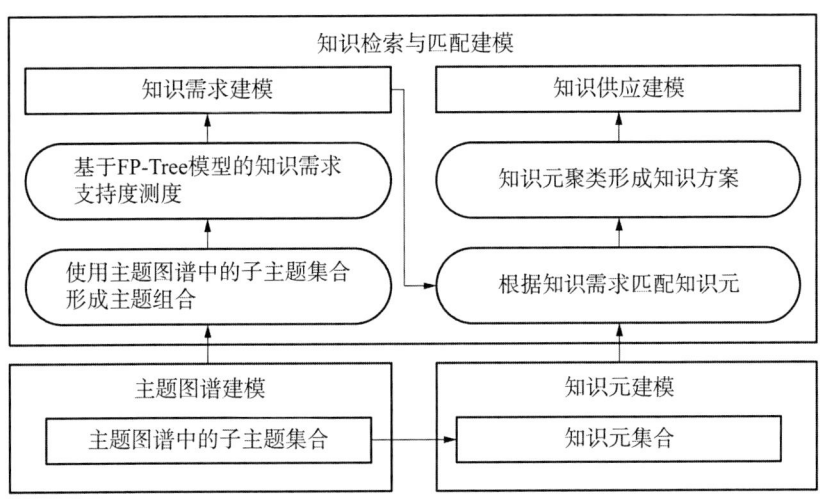

图 3.2　主题图谱建模、知识元建模和知识检索与匹配建模之间的依赖关系

主题图谱中的子主题集合为知识元的抽取提供了主题元素。知识元中来自知识图谱的文本主题元素为知识元中的情感倾向分析提供了入模特征，保证了

情感分析的准确性。主题图谱和知识元为知识检索与匹配建模提供数据基础。知识检索与匹配建模包含知识需求建模与知识供应建模两个部分:①知识需求建模,首先需要通过使用主题图谱中的子主题集合形成主题组合,然后通过构建FP-Tree(频繁项树,frequent pattern tree)模型对主题组合进行知识需求支持度测度,从而筛选高支持度的主题组合作为知识需求;②知识供应建模,首先根据知识需求匹配得到合适的知识元集合,再通过知识元聚类方法形成知识方案,对应同一个知识需求的知识方案集合成为知识供应,知识供应本质上是知识元的集合。

总之,本书中的核心建模内容有紧密的关系。主题图谱建模为知识元建模提供主题支撑,主题图谱建模、知识元建模共同为知识检索与匹配建模提供知识基础。主题图谱建模、知识元建模和知识检索与匹配建模共同支撑起了专业社交媒体用户知识系统建模的核心内容,实现了从数据到知识再到知识应用的转换,为知识管理系统建模研究领域提供了新思路与新框架。

3.3 建模数据

本书建模框架中的建模数据,均来源于原始数据库,原始数据库中的原始语料来源于专业社交媒体中的用户语料。本书将选择汽车专业社交媒体作为专业社交媒体的代表进行专业社交媒体用户知识系统的实验验证。

本书选择汽车领域进行建模的原因包括:①汽车社交媒体中的语料十分丰富。汽车是人民群众生活中的重要商品之一,与人民群众的生活品质息息相关,截至2019年底,全国私家车保有量约2亿辆。此外,汽车用户在各种不同的汽车社交媒体中数量庞大且较为活跃,对汽车产品的评论、讨论意愿强,因此汽车社交媒体中拥有海量的用户语料数据,例如"汽车之家论坛",截至2019年底其用户数已达到4.3亿,2019年上半年新增37万篇文本内容。②汽车社交媒体作为代表能够体现专业社交媒体的专业性。一辆汽车中大致集成了3万个零件,汽车是最复杂的现代工业商品之一,因此在汽车专业社交媒体中,用户所发表的评论文本一般也具有较强的专业性,文本主题往往针对某一专业问题,评论用词方面也包含较多的汽车领域专业术语。③汽车社交媒体用户知识管理系统的应用价值高。汽车用户能够通过用户知识管理系统获取自身所需的汽车相关专业知识,例如汽车的性能评价、舒适性评价等,能够为用户的购买决策提供支撑;再如汽车使用经验与故障排除等相关内容,能够提升用户的使用体验或解决用户遇到的问题。

3.3.1 基于爬虫技术获取原始数据

本书的数据来源为"汽车之家论坛"（https://club.autohome.com.cn/），其论坛主页如图 3.3 所示。

图 3.3　汽车之家论坛页主页

汽车之家论坛中按照不同车系分为不同子论坛,不同子论坛中的用户语料数量不一,因此本书选取了 20 余个热门车型论坛进行爬取,包括"M 论坛""Y 论坛""K 论坛"等。图 3.4 展示了"M 论坛"中的用户语料示例,每条语料以"帖子"的形式出现。

图 3.4　车系论坛中的帖子实例

本书通过网络爬虫对上述数据进行采集。网络爬虫(web crawler)是指按照数据请求人制定的规则,自动地从网站上获取数据的程序脚本。在当今这个数据爆炸的时代,网络爬虫有助于快速收集研究所需的海量数据。网络爬虫的流程可以大致分为四步。(1)发起数据请求:从网址库中向目标网站发起数据请求;(2)获得响应内容:获取目标网站对数据请求的响应;(3)解析数据:采用正则表达式、Json对数据进行解析;(4)存储数据:将数据保存成所需的格式。

本书爬取数据主要采用的是网络爬虫框架(scrapy),其各模块内容说明见表3.1,其架构如图3.5所示。

表3.1 爬虫框架各模块说明

模块名称	作用
引擎(scrapy engine)	调度大脑:指挥并推送整个系统中的数据流
调度器(scheduler)	发起数据请求:存储并传递引擎发送过来的请求
下载器(downloader)	获得响应内容:下载网页内容并返回给爬虫
爬虫(spiders)	解析数据:根据数据请求人的需求获取数据
数据元管道(item pipeline)	存储数据:数据元指的是单条数据单位,对爬取的每一条数据元进行清洗和存储

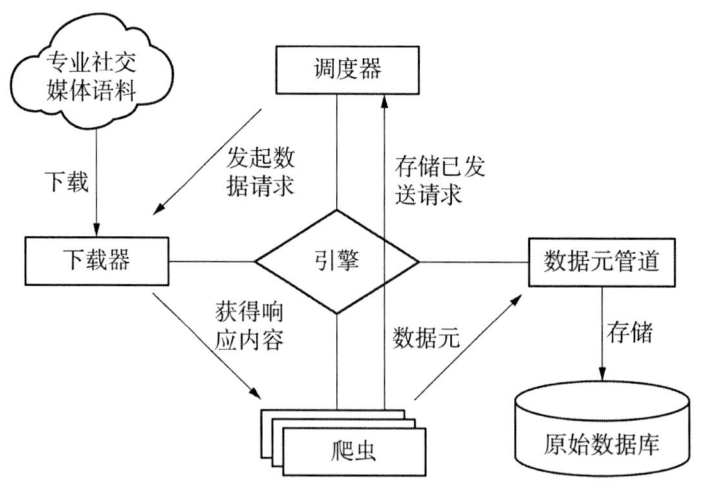

图3.5 Scrapy爬虫框架图

本书根据上述爬虫框架开发爬虫程序，抓取汽车之家论坛中的汽车评论帖子。爬取的数据元内容包括帖子标题、正文内容、配图文本等信息，其中配图文本是指正文中图片的说明文本。配图文本往往包含发帖人想表达的关键信息，因此本书在构建主题图谱时将正文内容与配图文本合并起来考虑。帖子的时间范围为 2016 年 9 月至 2017 年 9 月，共爬取约 20 万篇帖子内容。最后通过爬虫程序将爬取得到的数据内容存入原始数据库，图 3.6 展示了 Mysql 数据库中的原始数据。

post_name	host_name	post_id	host_id	post_forur	post_time	reply_cnt	view_cnt	post_content	picture_desc	picture_cnt	user_id
新手求教发动机起停和自动驻车	k881470	59332736	36150681	迈腾论坛	20161224105626	15	235	1 因为我这比较堵，不想用起停，是不是只要按下		0	36150681
迈腾清洗大灯的玻璃水能喷出来，前挡风	了然璐his	58822900	35325004	迈腾论坛	20161208224633	6	321			0	35325004
请问330豪华版迎宾踏板是亮的吗	彬彬2099	59316662	34734296	迈腾论坛	20161223192626	4	330	我的330豪华刚提发现迎宾踏板不亮，不知道豪华		0	34734296
b8。120公里转速多少。	无忧无虑2011	59308668	4306700	迈腾论坛	20161223160059	7	419	120公里转速多少，嫌高大吗		0	4306700
迈腾提车记——什么时候，都别忘了对自	小蜗牛13	59273493	36081579	迈腾论坛	20161222155639	18	1645	这一年，日照的冬天并没有真正的冷下来，之前一		0	36081579
330尊贵流水灯问题	雪夜梨花新	59283748	18839647	迈腾论坛	20161222204121	5	643	提车回来已经快半个月了，到今天为止跑了1100公		0	18839647
B7L 经典之作	Chen_Jey	59296498	10427549	迈腾论坛	20161223101121	1	306	15 改款 2T尊贵	长期油耗。	1	10427549
14年买的迈腾，现在挂前进档，发动机会	南昌黄尚	59282363	36092460	迈腾论坛	20161222200003	6	167			0	36092460
【2016年终福利】给自己定个小目标买辆	你浪拜个啥	59113196	22450632	迈腾论坛	20161217225017	11	16447	首先我需要一辆车，一辆可以在工作日将我安全往	双炮筒仪表，多	15	22450632
迈腾B8L2.0尊贵方向盘异响	霸道527	57983482	9641824	迈腾论坛	20161112184802	9	718	哪位车友解决了迈腾方向盘打方向时异响的问题啊		0	9641824
13年迈腾6万公里都需要维修什么	迈腾2019	59272795	9076645	迈腾论坛	20161222153833	11	244	13年迈腾2.0的6万了，都需要维修什么，变速箱油		0	9076645
剧隐藏都有什么功能	掌心里的海oi	59260861	15776668	迈腾论坛	20161222101228	2	232	如题，请指教		0	15776668
b8减震器问题	老马12	59297078	3421278	迈腾论坛	20161223102452	6	130	请问大家，b8尊贵型原车减震器是什么牌的，哪里		0	3421278
2015款B7迈腾价格怎么样?	爱尾尔夫	59288307	3355188	迈腾论坛	20161222224819	5	531	本人想入手二手迈腾，看好一辆2015款尊贵，2.0T		0	3355188
明天提车，有什么注意的么	922178	59266699	35101779	迈腾论坛	20161222130708	7	388	明天终于提车了，定的大麦1.8t豪华版，黑外黑内		0	35101779
16款迈腾现在搞不搞优惠	gyjiang001	59279732	35296511	迈腾论坛	20161222182935	0	214	如题		0	35296511
b8也不省心啊	阿旭Cancanc	59272586	30084058	迈腾论坛	20161222153304	3	744	刚刚才换了空调控制单元。现在发现收音机那个按		0	30084058
有个问题咨询下车友	脚踏实地321	59262951	35659004	迈腾论坛	20161222110443	7	81	我今天去问了一个全分期的公司，他们把车架全部		0	35659004
迈腾车主们，问一个问题	2528987181	59263604	35279882	迈腾论坛	20161222112251	11	184	买了330豪华，要装导航和倒车影像，但是4S店说		0	35279882
迈腾启停标志在哪里	乐乐5027897	59264425	23807177	迈腾论坛	20161222114655	7	173	迈腾启停标志在哪里		0	23807177
求助，现在汽油换号了，b8加那种最好?	逝云_少年梦	59257441	33928489	迈腾论坛	20161222075517	11	393	那种标号汽油车子又有动力，又不伤发动机，又性		0	33928489
新迈腾提车回来一月讲讲!	旺旺哥yyy	59223465	31696313	迈腾论坛	20161221094104	8	947	南京大明路协众提的车! 开回家上高速时候到90候		0	31696313
有自己网上买日行灯加装的吗?	罗小科	59265123	21043762	迈腾论坛	20161222121028	0	127	一直想装一个，不知道网上哪个好，求推荐		0	21043762
330豪华车主看过来　大家换的什么牌子	准備布里	59218471	17691300	迈腾论坛	20161220233048	5	493	如题 是在4s换的还是自己在外边换的		0	17691300
这车黑，你能不能换个有点技术含量的IC	suonu898771	59190145	35325412	迈腾论坛	20161220095341	9	543	这俩人其实就是同一个人，中文名称+三个数字。		0	35325412
关于迈腾后备箱的问题，求大神解答	踩跪...雪落	59264573	35240234	迈腾论坛	20161222115129	2	174	17款迈腾后备箱能放下3个26的行李箱嘛?		0	35240234
迈腾B81.8豪华能选装尊贵上面8寸的大屏	GOLF1995	59259554	28404494	迈腾论坛	20161222093328	8	337	感觉大屏显着中控比较饱满，尊贵又比豪华贵不		0	28404494
渐进式可触摸屏之MIB完全解答	差两分钟	59242560	34960405	迈腾论坛	20161221173838	16	712	在前几天楼主帮单位提了一台迈腾380旗舰版(代提	先来张镇楼图，	74	34960405
B8颜色排场计划表	取个名真tmd难	59256506	29477709	迈腾论坛	20161222025419	3	668	哪位大大有B8颜色的排产计划表啊，想了解下各个		0	29477709

图 3.6　数据样例截图

3.3.2 文本预处理

专业社交媒体中的文本语料通常具有篇幅长短不一、创作随意性强、口语化等特点。在进行专业社交媒体用户知识系统建模前，对原始数据库中的文本数据进行预处理，能够在一定程度上降低处理用户语料文本的难度。为了提高建模实验的效率与准确性，本书对专业社交媒体中的文本语料进行了如下四步预处理，包括删除无意义文本、构建停用词表、中文分词、词嵌入。

(1) 删除无意义文本

遍历原始数据库，构建删除规则，剔除明显的无意义文本。本书从原始数据库中剔除了长度小于 5 个字的无意义帖子、使用 3 个以下单一符号的帖子以及乱码帖子等。

(2) 构建停用词表

在文本处理的过程中,根据不同的文本处理任务,按需使用停用词表过滤停用词。本书中所构建的停用词表整合了《哈工大停用词表》《百度停用词表》。同时依据汽车之家论坛中的词频统计,在停用词表中添加了中国各城市的地名以及其他无意义的高频词汇。该停用词表在主题抽取、知识元中的关键词抽取时发挥了重要作用,保证了所抽取结果的质量。

(3) 中文分词技术

为了保证用户知识管理系统建模的准确性,需要在实验前对专业社交媒体的文本语料进行分词处理。与英文的书写规律不同,中文文本的词语之间没有明显的分隔标记,需要根据算法进行人为划分。本书中采用的是 Jieba 分词工具,它的原理是对照词典生成句子的有向无环图,根据用户确定的精确模式、全模式或是搜索引擎模式,选择最大概率路径对句子进行截取。对于不在词典中的新词汇,采用隐马尔可夫模型(Hidden Markov Model)进行识别。已有较多的研究使用了 Jieba 分词工具,例如王若佳等[66]使用了 Jieba 中文分词工具、AC 自动机、无监督分词三种方式对电子病历进行分词;尹丽春和王悦[67]借助 Jieba 工具包对消费者的在线评论进行结构化的分词处理;在舆情研究中,姜景和王文韬[68]采用了 Jieba 模块中的精确模式对政务微博和抖音中的文本进行分词。综上可知,Jieba 分词工具在实际应用中具有较广泛的应用与较高的分词正确率。

本书在使用 Jieba 分词时,针对汽车领域的文本,需要事先添加汽车领域常用的专业词汇,词汇来源于全国科学技术名词审定委员会公布的《公路交通科技名词》,以及汽车之家论坛中高频出现的零器件术语与汽车品牌型号名称等,从而提高分词的准确性。

3.4 关键技术

(1) 词嵌入技术

在分词之后,需要对语料中出现的词汇进行词嵌入处理。词嵌入是自然语言处理中一种语言建模技术。它是将单词或者短语映射到实数向量,使深度学习算法能够直接对文本进行分析。自然语言处理中,One-Hot 编码是一种最常用的词表示方法。它是将每一个词表示成为只有一个维度为0,其余维度为1的高维向量。这一方法将文本中每个单词都平等地对待,忽略了词语直接的关联性。在One-Hot编码中,任何两个词的内积均为0。这会直接影响文本建模的准确性。因而,本书采用的是Word2vec技术,其是通过考察单词的上下文内容,学习出映射函数来表示它。这一方法不仅考虑了词句内部的相互关联,而且将词向量的维数大大降低,提高了语义相似度计算、情感分析、深度学习算法等方面的准确度。

(2) 主题抽取技术

主题抽取的目标是在已经确定了文档集中的若干术语或概念的基础上,进行主题聚类,发现文档中的核心主题和子主题,并通过一定的结构化方法保存。

LDA是一种无监督的文档主题生成模型,又称为三层贝叶斯概率模型,现有研究热点是主题模型算法的改进。LDA对于分类文本的长度无严格限制,无论是对于短文本和长文本都有效,已广泛应用在短文本与长文本中(邮件、摘要、微博、论坛、新闻、期刊等),较成熟的应用包括主题识别、主题追踪、文档分类、垃圾邮件过滤等。近年来,LDA在主题抽取方面有丰富的研究。Shams M.等将LDA模型进行改进,提出LDASA,并运用于情感分析中。刘啸剑等将LDA模型与TextRank算法相结合,用于知识抽取中。这些研究对LDA算法进行了改进,并运用到知识抽取中,均提升了知识抽取的准确率。

但LDA运用的难点之一——如何选取合适的聚类主题数,仍需根据文本的实际情况而决定,因此本文在建立主题抽取模型时,考虑了主题冗余的情况,并进行主题去重。

(3) 关键信息抽取技术

在主题抽取完成之后,需要对各文档的主题进行适当的描述,帮助知识使用者迅速清晰地了解主题的内容,判断该主题是否符合需求。抽取文本关键词与关键句方法的主要思想是从主题内的文档集中将密切相关的词、语句、片段,根据其重要程度抽取出来,并合理组织。形成主题描述所使用的方法是自动文摘方法。Salton等人对将内容足够相似的片段划归在一起,揭示整个文章的关键内容,其中片段之间的相似度以片段空间向量的夹角余弦表示。词频-逆向文件频率算法(TF-IDF)采用词频和逆文本频率的乘积对单词重要性进行加权。TextRank算法通过把文本分割成若干组成单元并建立图模型,利用投票机制对文本中的重要成分进行排序,从而实现关键词与关键句的抽取,其优势是准确率较高,且在抽取过程中,不会因为文本的长度变化而引起性能上的大幅波动。

(4) 聚类技术

聚类是用于探索性分析数据之间相似程度的技术之一。谱聚类由于实现简单,在近年来越来越受到数据科学家的欢迎。其基本思想是利用数据相似度矩阵的谱(特征值)对高维数据进行降维,之后再在低维空间进行聚类。谱聚类算法过程可以描述为以下四个步骤:①计算数据之间的相似度矩阵;②计算拉普拉斯矩阵并进行特征值分解;③基于特征向量生成新的样本量;④采用 K 均值聚类算法(K-means)对新样本点进行聚类,输出聚类结果。

在谱聚类算法中,最重要的一个环节是对数据点之间的局部邻域关系进行建模,构建相似度矩阵。目前的研究中主要有三种相似度矩阵的构建方式:①ϵ-近邻法。计算任意两个样本点之间的欧式距离,若大于 ϵ,记为 0,否则保持原数值。②k-近邻法。如果数据点 j 是数据 i 的 k 个最近邻中的一个,则计算两者之间的高斯距离,否则记为 0。③全连接法。计算任意两点之间的高斯距离,并进行加权平均。

(5) 基于深度学习的情感分析技术

情感分析的主要内容之一是情感倾向(orientation polarity)判断,主要的任务是判定文本内容中是肯定的(正向)、否定的(负面)还是中立的(中性)。Bo P. 等最先采用机器学习方法进行情感分析,尝试了 n 元语法模型(n-gram)和词性两种文本特征,并且对比了朴素贝叶斯(Naive Bayes)、最大熵模型(Maximum Entropy)和支持向量机(Support Vector Machin)这三种分类模型的效果。常见的文本特征抽取方法包括词频(TF)、逆向文档频率(IDF)、词频-逆向文件频率(TF-IDF)等。这些方法主要基于词频方法,没有考虑词语的位置与结构,无法获取到文本中的深层语义信息,因此效果并不理想。

此后,深度学习被引入情感分析中,Socher 等人利用递归神经网络(RNN)模型对影评数据进行情感分析,Cardie C. 将 RNN 扩展为多层 RNN 从而形成一个深层网络结构,都取得了比传统方法更好的效果。Xiao Z. Xinbo W 等将隐式词嵌入方法(Word Embedding)与长短期记忆人工神经网络(Long Short-Term Memory, LSTM)引入情感分析中,并对 LSTM 的结构进行了改进,进一步提升了情感分析的效果。然而,现有基于深度学习的情感分析方法,较难处理长短不一的文本,且针对较长文本时难以在整体上把控情感倾向。

3.5　本章小结

本章节首先介绍了专业社交媒体用户知识系统的建模框架,描述了框架中各模块的内容与模块之间的关系。本建模框架包含原始数据获取、主题图谱建模、知识元建模、知识检索与匹配建模模块。本书基于该建模框架进行专业社交媒体用户知识系统的建模,首先从专业社交媒体中获取建模所需的原始数据,然后通过主题图谱建模与知识元建模将专业社交媒体中蕴含的主题脉络与高价值知识进行梳理与挖掘,形成主题图谱库与知识元库,最后通过知识检索与匹配建模将全面、高质量、能够满足用户需求的知识供应提供给用户,从而为用户提供快捷、高效、高价值的知识服务。其次,本章节介绍了主题图谱建模、知识元建模、知识检索与匹配建模之间的依赖关系,说明三个模块之间互相依存、互相促进。最后,本章节详细地对原始数据获取模块的数据内容、获取技术、预处理技术进行了介绍,同时说明了选择汽车之家论坛作为建模实验示例的原因,为后续建模实验提供了原始数据库基础。

第4章
用户知识系统的主题图谱建模

在专业社交媒体用户知识系统总体建模框架中,主题图谱建模是贯穿整个系统建模的核心内容,其为知识元建模与知识检索与匹配建模提供主题基础。主题图谱建模的目的是通过专业社交媒体中的用户语料,获取专业社交媒体用户知识体系的主题框架,从而为知识导航、知识检索与匹配等应用提供基础。从知识管理系统的角度出发,主题图谱建模为知识管理系统提供了知识分类的主题脉络,是知识管理系统中知识索引的基础;从用户与企业应用的角度来看,专业社交媒体中的用户语料构建主题图谱,能够助力知识发现与挖掘,帮助用户迅速定位所需知识内容,帮助企业获取产品改进意见与技术创新点。

本章以专业社交媒体文本为对象,考虑其语料数量巨大、长短不一、专业性强、创作随意性强、口语化的特点及主题图谱的结构,提出了一种人工参与少、内容纯净且结构合理的主题图谱构建方法。该方法充分利用 Skip-Gram 模型的特性,综合使用语义相似度与上下文关联度建立词语间关系,然后采用扩充的种子本体词汇与结合本体词汇的 LDA 模型获取主题与主题词,利用图模型和谱聚类获取主题之间的关联关系与层次结构,从而构建专业社交媒体的主题图谱。本章以第3章原始数据库中的汽车之家论坛用户语料数据为例,验证主题图谱构建方法,对汽车之家论坛主题图谱中主题内容的纯净度以及主题间关系的合理性进行了分析,从而证明本方法的可靠性。

4.1 主题图谱建模思路与框架

4.1.1 建模思路

主题图谱是为适应信息资源网络化而出现的一种新兴智能化的知识组织方式、一种模型化的知识表示技术,可以解决大量的、无序的、非结构化信息的组织问题。[7]专业社交媒体的主题图谱可以将语料中蕴含的相关知识主题清晰、有序地展现出来,从而为用户的知识挖掘任务提供导航与指引。因此,专业社交媒体的主题图谱应包含两个部分内容,一是专业社交媒体语料中包含的相关主题;二是相关主题间的关联关系与层次结构。本章旨在探讨包含此两方面内容的专业社交媒体主题图谱的构建方法。

本书定义专业社交媒体主题图谱的内容包括:(1)主题(topic),表示专业社交媒体中语料所讨论的核心观点或内容;(2)主题间关系(association),表示主题与主题之间的关联关系与层次结构。通过文献综述可知,在主题图谱构建时,应抽取"主题词纯净"且"与专业领域贴切"的高质量主题;获取主题间的关系需要满足"结构合理""层次分明"的要求。此外,主题图谱的构建方法应尽量减少人工参与,以提高构建效率。

构建词语间合适的量化关系,能够为主题图谱的主题抽取与主题间关系获取提供依据,是构建高质量主题图谱的基础。考虑到主题图谱服务于该专业领域用户与相关企业,其内容应围绕该领域的专业词汇进行构建,与专业词汇高频共现的词汇也应纳入模型中。因此,本书在构建词语间关系时,一方面考虑在语义层次上与专业词汇含义的相似度;另一方面考虑与该领域专业词汇在上下文相邻近的程度。此处定义词语的语义相似度为"词语的可替换度和词义的符合程度";定义词语的上下文关联度为"一个词语在另一个词语的上下文窗口中出现的可能性"。本书将采用 Skip-Gram 模型来计算词语间的语义相似度与上下文关联度。

在主题抽取方面,由于领域本体词汇包含丰富的专业词汇,利用本体词汇对主题抽取进行指导,能够将与该专业领域无关的词汇剔除,从而提高主题的纯净度以及专业领域贴切性。因此,本书采用结合本体词汇的 LDA 模型进行主题抽取。然而,构建与更新领域本体词汇,需要消耗大量的人力与时间。本书提出了一种基于语义相似度与上下文关联度的种子本体词汇自动扩充方法,来快速获得高质量的专业本体词汇。

在主题间关系获取方面,常用的方法是使用主题词间的量化关系进行聚类分析。主题词间的语义相似度是常用的聚类维度,通过聚类能够获取主题在语义层面上的远近关系。此外,主题词在上下文中的高频共现,也能够表达主题之间的某种密切关联。现有主题图谱的构建方法多是孤立地考虑单一维度进行聚类,难以全面地获取主体间的联系。因此,在聚类的维度选取方面,本书将主题词之间的语义相似度与上下文关联度合并考虑,定义加权的关联度作为聚类维度;然后通过该维度构建图模型并进行谱聚类分析,获取主题之间的关联关系与层次结构。

综上,本书针对专业社交媒体用户语料,以获取高质量的主题以及结构合理的主题间关系为目的,提出了一种基于语义相似度与上下文关联度的计算模型,扩充种子本体词汇,结合本体词汇的 LDA 模型与图模型的主题图谱构建方法。

4.1.2 建模框架

本书中的专业社交媒体的主题图谱建模框架如图 4.1 所示,包括四个步骤:

(1) 语义相似度与上下文关联度计算模型:使用专业社交媒体中的用户语料,训练 Skip-Gram 模型,利用该模型中的隐藏层权重与模型输出的预测结果,分别获取词语之间的语义相似度与词语之间的上下文关联度,为后续主题图谱构建步骤提供词语间的量化关系。

(2) 扩充种子本体词汇:基于语义相似度以及上下文关联度,对已有的少量的领域本体词汇进行扩充,将与现有本体词汇语义相似或上下文相邻近的词汇纳入本体词汇。该方法能够减少人工参与本体词汇的构建,为主题抽取模型供高质量的本体词汇库。

(3) 结合本体词汇的 LDA 主题抽取模型:使用扩充的本体词汇,指导 LDA 模型对输入数据进行选择,剔除与专业领域无关的文档与词汇,从而抽取得到"主题词纯净"且"与专业领域贴切"的主题。

(4) 基于图模型的主题关联获取:综合考虑语义相似度与上下文关联度,以定义的加权关联度为边,以主题为节点,构建图模型描述主题之间的关联关系。

然后使用谱聚类(Spectral Clustering)算法对各主题中的主题词聚类,形成主题与子主题间的层次结构。最终整合结果形成主题图谱。

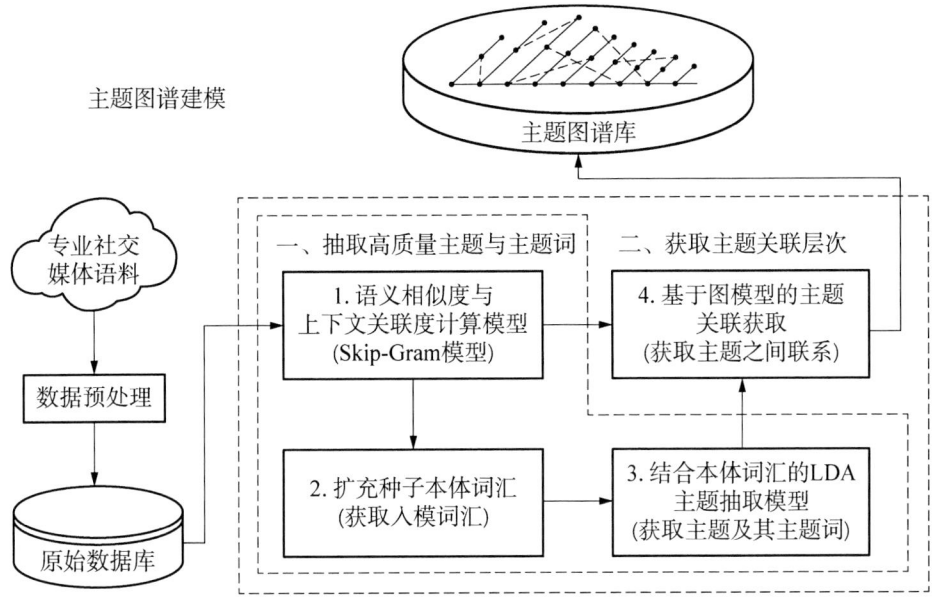

图 4.1　主题图谱建模框架图

上述四个步骤间的关系为:步骤(1)计算语料中词语的语义相似度与上下文关联度,为后面三个步骤提供了数据基础。步骤(2)为步骤(3)提供了贴近专业领域的入选模型词汇。前三个步骤都属于抽取高质量的主题及主题词的内容,为步骤(4)构建图模型提供了主题词的关联度计算。

4.2　主题谱图构建方法

4.2.1　语义相似度与上下文关联度建模

语义相似度与上下文关联度是构建高质量专业社交媒体的主题图谱的基础。语义相似度的计算方法一般采用词嵌入(word embedding)的方法进行余弦相似度计算来获得,上下文关联度可以通过统计词频共现的方式来进行计算。

然而通过不同的方法计算两种词语间关系,存在计算效率的问题,且通过统计的方法计算上下文关联度的准确性较低。

本书选取 Skip-Gram 模型进行词嵌入的训练,其原因是能够"一模两用",即训练一个模型能够同时得到语义相似度与上下文关联度,简化了计算步骤并提高了计算效率。此外,同一个模型中计算能够在一定程度上消除两种词语间关系的量纲差异,能够较方便地融合两种量化关系。图 4.2 展示了本书利用 Skip-Gram 模型获取相似度与上下文关联度的流程图(Word2vec 是一种词嵌入模型)。

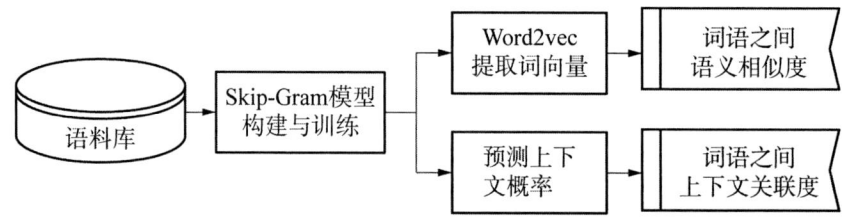

图 4.2　基于 Skip-Gram 模型获取语义相似度与上下文关联度流程图

在单纯词向量训练场景中,Skip-Gram 模型中的任务被称为伪任务(Fake Task),其目的是获取隐藏层权重作为词向量。同时,Skip-Gram 模型伪任务输出的结果,是输入词的上下文邻近词的概率分布。因此,本书充分利用 Skip-Gram 模型的这一任务特性,一方面使用模型中的权重转化为词向量,用于计算语义相似度;另一方面利用模型的输出结果,找出词语最可能的上下文邻近词。

Skip-Gram 模型的网络结构如图 4.3 所示,包含输入向量层、隐藏层与 Softmax 输出层。输入层是通过独热(One-Hot)方法对词典中的词汇进行编码的向量,因此输入向量为 N 维,N 是词典中的词语数量。隐藏层是输入向量乘以隐藏层权重(N×M)得到的全连接层,隐藏层权重矩阵即是最终的词向量,M 是隐藏层中的节点数,也是得到的词向量的维数。输出层是一个使用 Softmax 回归的分类器,得到 N 维的该词语邻近词的概率分布,使所有输出结果的概率之和为 1。图 4.3 中的两个虚线方框,分别表示了语义相似度与上下文关联度在模型中的来源。

在模型构建完成后,使用从语料文本中抽取的样本集对模型进行训练。

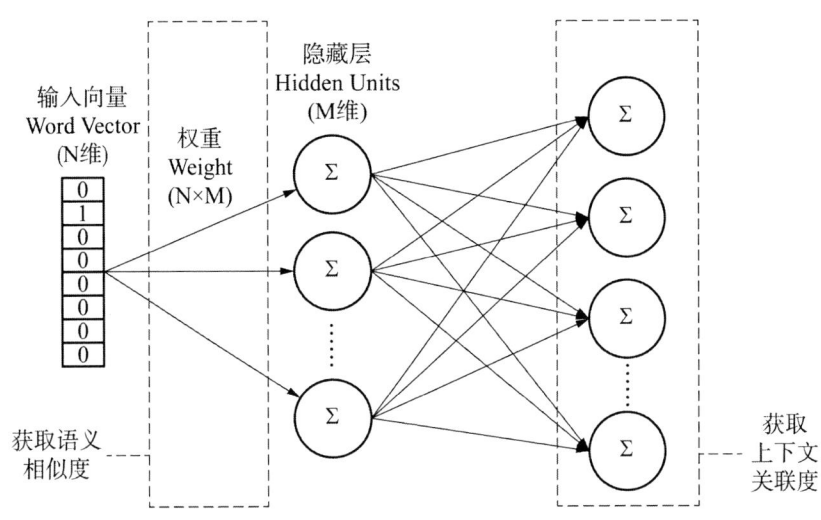

图 4.3 Skip-Gram 模型网络结构

语义相似度计算,提取训练完成后模型中的隐藏层权重作为词向量,使用余弦相似度计算:

$$\cos\theta = \frac{ab}{||a||\,||b||} \tag{4.1}$$

其中 a,b 分别表示两个单词的词向量,语义相似度的值域为 $[0,1]$。

上下文关联度计算,$Pr(a \to b)$ 表示 b 在 a 的上下文中的概率,

$$\text{corr}_{a,b} = Pr(a \to b) \tag{4.2}$$

$Pr(b \to a)$ 反之,公式写为

$$\text{corr}_{b,a} = Pr(b \to a) \tag{4.3}$$

由于该值为概率,其值域为 $[0,1]$。

虽然语义相似度与上下文关联度的值域都在 $[0,1]$ 之间,但是由于计算方法上的区别,得到的数值仍可能存在量纲上的差别,例如上下文关联度的数值会随着词典的扩大而变小,使得上下文关联度是语义相似度的高阶无穷小。因此,本书借助 Softmax 函数,选取每个单词的 $TopN$ 个相似词语与 $TopN$ 个相邻近词语,再次进行归一化处理,$TopN$ 之外的语义相似度与上下文关联度均记为 0,使得两种度量单的值处于同一量纲之内。以单词 a 为例的计算公式:

$$\cos\theta_{a,b}^{N} = \begin{cases} \text{Softmax}_{TopN}^{a;b}\left(\dfrac{ab}{||a|| \, ||b||}\right), & b \in TopN \\ 0, & b \notin TopN \end{cases} \quad (4.4)$$

$$\text{corr}_{a,b}^{N} = \begin{cases} \text{Softmax}_{TopN}^{a;b} Pr(a \to b), & b \in TopN \\ 0, & b \notin TopN \end{cases} \quad (4.5)$$

其中 $\text{Softmax}_{TopN}^{a;b}$，表示 b 属于 a 的 $TopN$ 集合时归一化的值。利用公式 4.4 与公式 4.5，能够计算任意词汇 a 对应词汇 b 单方向的语义相似度与上下文关联度。一个单词与其他所有单词的语义相似度或上下文关联度之和为 1。

4.2.2 扩充的种子本体词汇建模

利用领域本体词汇对主题抽取过程进行指导，能够去除专业领域外的冗杂信息，提高主题图谱中内容的纯净度，保证主题与该专业领域的贴切性。然而，利用专业社交媒体中的文本构建领域本体词汇是一个费时费力的任务，在构建时也难以考虑词语之间上下文的关联程度。

因此，本书提出了一种基于语义相似度与上下文关联度以及"种子本体"的自动扩充本体词汇方法。"种子本体"是利用已知的领域知识，由人工简单构建的本体，是用于扩充本体词汇的"种子"。自动扩充本体词汇方法的优点在于较全面地考虑了需要纳入本体词汇的词语，且只需要少量的人工参与即可获得内容丰富的专业本体词汇。图 4.4 为专业领域本体词汇扩充示意图。

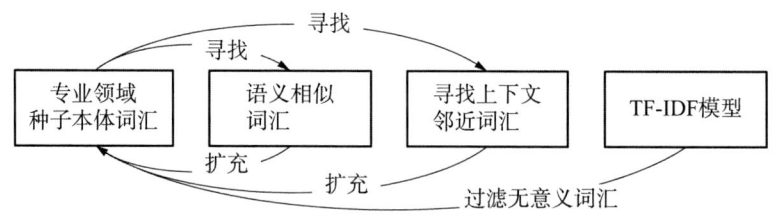

图 4.4　专业领域本体词汇扩充示意图

从图 4.4 可以看出，方法的实现首先需要获取种子本体词汇。常用专业词汇或是人工分析得到的专业领域词汇均可作为最初的种子本体词汇。其次，从语义相似度的角度出发，将语义上与种子本体词汇相似的词添加进来。再次，从上下文关联度的角度考虑，将与本体词汇出现位置相邻近的词添加进来。最后，使用 TF-IDF 模型去除扩充本体词汇中的日常用语以及不重要或无意义的词汇,最终形成扩充的本体词汇表。

自动扩充本体词汇方法的伪代码如算法 4.1 所示:

算法 4.1　自动扩充本体词汇算法伪代码

1. Build corpus dictionary // 构建语料词典
2. Compute word semantic similarity $\cos\theta_{a,b}^N$ in corpus dictionary // 计算语义相似度
3. Compute word context relevancy $corr_{a,b}^N$ in corpus dictionary // 计算上下文关联度
4. **for** 0 to 1 **do** // 扩充迭代次数为 2
5. 　**for** word in seed ontology vocabulary **do** // 遍历种子本体词汇
6. 　　select word's Top 10 semantic similarity words in corpus dictionary
7. 　　append these 10 words to extended ontology vocabulary // 扩充语义相似的词
8. 　　select word's Top 10 semantic similarity words in corpus dictionary
9. 　　append the 10 words to extended ontology vocabulary // 扩充上下文相近的词
10. 　**end for**
11. 　seed ontology vocabulary += extended ontology vocabulary // 更新与合并本体词汇
12. 　remove duplicated words // 词语去重
13. 　remove meaningless words and irrelevant words by TF-IDF importance
14. **end for**

算法 4.1 中,第 2、3 行,提取训练完成的 Skip-Gram 模型中的权重以及输出结果,根据公式 4.4 与公式 4.5 计算语义相似度与上下文关联度;第 4 行,设定迭代次数为 2;第 6 到第 10 行,扩充与种子本体中语义相似度和上下文关联度最高的 10 个词语;第 11 行,将种子本体与扩充的本体合并,用于下一次迭代;第 12 行,词汇表去重,将重复纳入进来的词汇剔除。

由于设定的迭代次数为 2,在第一轮扩充后的本体词汇包含了原有种子本体词汇、与种子本体词汇语义相近的词汇和在上下文中相邻近的词汇;且在第二轮扩充过后,在第一轮中纳入词汇的语义相似词与上下文邻近词也被扩充进来,因此此时扩充的本体词汇内容已较为丰富。

4.2.3　结合本体词汇的 LDA 主题抽取建模

LDA 模型的主要思想是找到文档在主题上的分布情况,以及主题词在主题上的分布情况,即每个文档对应一个或多个主题,每个主题拥有多个主题词,核

心步骤为：统计各个文档各个词，得到文档主题分布 θ（公式 4.6），统计语料库中各个主题词的分布，得到 LDA 主题中主题词的分布 ϕ（公式 4.7）。

$$\theta_{mk} = \frac{n_{m,-i}^k + \alpha_k}{\sum_{s=1}^{K}(n_{m,-i}^s + \alpha_s)} \quad (4.6)$$

$$\phi_{kt} = \frac{n_{k,-i}^t + \eta_t}{\sum_{s=1}^{K}(n_{k,-i}^s + \eta_s)} \quad (4.7)$$

公式 4.6 和公式 4.7 中，K 为主题的个数；$\boldsymbol{\alpha}$ 为 θ_m 分布的超参数，表示主体之间的相对强弱，是一个 K 维向量，$\boldsymbol{\alpha}_k$ 是 $\boldsymbol{\alpha}$ 的第 k 个元素；$\boldsymbol{\eta}$ 为 ϕ_k 分布的超参数，是一个 T 维向量，T 为词典大小。公式 4.6 中的 $n_{m,-i}^k$ 是第 m 篇文章中分配到主题 k 的单词个数，不包含当前单词 i。公式 4.7 中 $n_{k,-i}^t$ 是第 k 个主题中分配到单词 t 的数，不包含当前单词 i。

本书通过 LDA 文本抽取主题，伪代码如算法 4.2 所示：

算法 4.2 LDA 算法伪代码

	步骤：

1.	// 变量初始化
	$n_m^k = 0$；$n_m = 0$；$n_k^t = 0$；$n_k = 0$；
	for all m in documents M **do**
	    for all words n in range $[1, N_m]$ **do**
	        sample topic index $z_{m,w} = k \sim Mult\left(\frac{1}{K}\right)$
	        $n_m^k + = 1$；$n_m + = 1$；$n_k^t + = 1$；$n_k = + = 1$；

2.	// Gibbs 采样
	while not finished do：
	    for all documents m in range $[1, M]$ **do**
	        for all words n in range $[1, N_m]$ **do**
	            // 不包含当前单词，统计数减 1
	            $n_m^k - = 1$；$n_m - = 1$；$n_k^t - = 1$；$n_k - = 1$
	            sample topic index $k \sim p(z \vert z(\text{not } n), w)$
	            $n_m^k + = 1$；$n_m + = 1$；$n_k^t + = 1$；$n_k = + = 1$

3.	**if** converged **then**：
	    compute θ；// 根据公式 4.6 计算
	    compute ϕ；// 根据公式 4.7 计算

算法伪代码中,全局变量有 5 个。(1)n_m^k:$M \times K$ 矩阵,各文档(m)在各主题(k)下的单词的计数;(2)n_m:每个文档(m)中词的总数;(3)n_k^t:$K \times W$ 矩阵,各主题(k)中各主题词(t)的计数;(4)n_k:每个主题(k)中词的总数。

主题分布 θ 中选取分布最高前 n 个主题作为初始主题列表 T_0,主题词的分布 ϕ 中每个主题所对应的分布最靠前的 m 个主题词作为主题列表中的主题词 t。

然而,LDA 模型在面对专业社交媒体语料时也存在缺点。首先,由于专业社交媒体语料较为杂乱,LDA 也会抽取得到较为嘈杂的主题。由于某些主题包含许多不相关的词语,因此很难将主题结果映射到可解释的概念中。为了提升 LDA 主题的纯净度,模型在计算时一般只使用名词作为入选模型词汇。这种方法虽然提高了主题纯净度,但是会损失动词与形容词中所包含的关键信息。因此,本书结合 4.2.2 部分扩充的本体词汇,考虑了与专业领域相关的名词、动词、形容词,从而保证主题图谱的准确性以及与该专业领域的贴切性。此外,LDA 还存在主题可解释性不强的问题。为解决该问题,本书一方面通过提高主题的纯净度增强主题的可解释性;另一方面还将通过对主题内部主题词进行谱聚分析形成子主题,通过子主题在一定程度上对主题的含义进行解释,其计算方法在 4.2.4 节中进行介绍。

综上所述,结合本体词汇的 LDA 主题抽取模型较为适合专业社交媒体中的文本,结合本体词汇的 LDA 主题抽取模型的伪代码如算法 4.3 所示:

算法 4.3　结合本体词汇的 LDA 主题抽取模型

输入:专业社交媒体语料库(corpus documnets)
　　　扩充的本体词汇(extended ontology vocabulary)
输出:主题及其主题词的分布
// Phase1:结合扩展的词汇列表构建 LDA 语料库
1. **for** d in corpus documents do //遍历所有文档
2. 　word_cnt = 0
3. 　meaningless_word_cnt = 0
4. 　**for** w in document d do //遍历文档中所有词语
5. 　　word_cnt + = 1
6. 　　**if** w **not** in extended ontology vocabulary
7. 　　　remove this word w //从文档中移除该单词
8. 　　ontology_word_cnt + = 1

续表

```
9.   end for
10.  if (1-meaningless_word_cnt/ word_cnt) <5%
11.      remove this document d from corpus documents //移除本体词汇占比小于5%的文档
12.  end for
// Phase2:通过处理后的语料库训练 LDA 模型
13.  use perplexity approach to estimate the number of topic K // 通过困惑度方法估算主题数 K
14.  train LDA model with corpus documnets
```

第一阶段,遍历每个文档,统计文档中词汇在扩充的本体词汇中的占比,如果占比小于 5%,则认为该文档价值较低,删除该文档;遍历文档中的每个词汇,如果该词汇不在扩充的本体词汇中,则剔除该词汇。第二阶段,设置超参数向量 α 和 η,并通过计算困惑度的方法选择合适的主题数 K,训练 LDA 模型。然后使用过滤后的专业社交媒体多文档语料库训练 LDA 模型,得到文档的主题分布与主题中词的分布。依据上述算法过程,可获得主题词较为纯净且与专业领域相贴切的专业社交媒体论坛主题。

4.2.4 基于图模型的主题关联获取

主题的关联性包含两个方面内容:主题之间的关联关系与主题内部主题词的关联关系。本书仍从语义相似度与上下文关联度出发,首先定义主题词间的加权关联度,然后将主题词间的关联度拓展至主题间的关联度。图模型是以节点和边组成的数据模型,其中每条边可以被赋予权重,形成加权图模型。图模型的结构能够恰当地表达主题或主题词之间的关系。因此,本书以主题为节点,以加权关联度为边构建加权图模型,图模型中节点的远近关系描述了主题之间的关联。

在主题内部中,以主题词为节点、加权关联度为边构建图模型,并利用谱聚类(Spectral Clustering)算法对主题词聚类形成子主题,用于描述主题内部主题词间的关联关系。子主题是主题的子集,它能够对 LDA 获取的主题起到解释作用,方便对主题进行命名。谱聚类算法是从图论中演化而来的,其主要思想是通过对所有主题词构成的图进行切分,让切图后不同子图间的边权重和尽可能低,而子图内的边权重和尽可能高[69],从而达到聚类的目的。相比 K-means 方法,谱聚类更适合于图模型中的数据结构,且对数据分布的适应性更强。图模型的主题关联获取采用的主要步骤如图 4.5 所示。

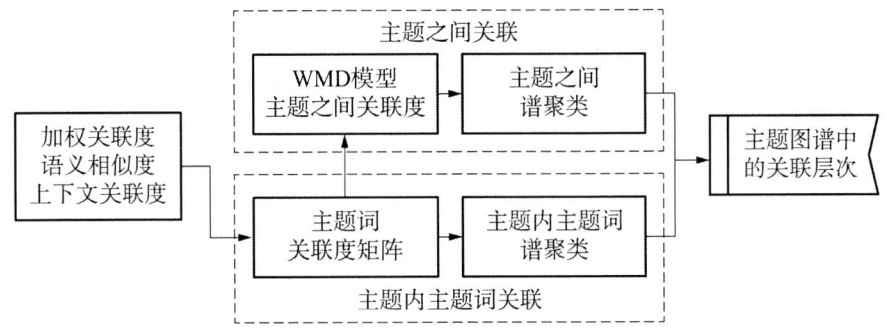

图 4.5 主题关联获取流程图

定义加权关联度的计算方法为:采用加权的方式将公式 4.4 和公式 4.5 得到的语义相似度与上下文关联度合并计算,加权关联度公式为

$$\text{MixCorr}_{a,b} = \frac{1}{2}[SimCoef \times (\cos\theta_{a,b}^N + \cos\theta_{b,a}^N) + (1-SimCoef) \times (\text{corr}_{a,b}^N + \text{corr}_{b,a}^N)]$$

(4.8)

其中 $SimCoef$ 表示语义相似度系数,在[0,1]之间,其值越接近 1,语义相似度所占比重越大。$\text{MixCorr}_{a,b}$ 代表了两个词语之间的关联度,与 a,b 的顺序无关。

主题关联获取模型分为四个步骤:

(1) 主题词关联度矩阵计算:将用 4.2.3 部分方法抽取得到的所有主题中的主题词合并,然后通过公式 4.8 计算两两关联度矩阵。

(2) WMD 模型计算主题之间关联度:WMD(Word Mover's Distance)模型是一种常用的语句或文档之间相似度(或距离)的模型。使用步骤(1)中计算的主题词关联度代替 WMD 模型中原有的语义相似度,得到两两主题之间的关联度。

（3）构建主题之间图模型：以主题作为节点，以步骤（2）中获得的两两主题关联度作为边的权重构建图模型。根据节点间的关联度与节点重要性，分析主题之间的关联性。

（4）主题内主题词聚类：对每个主题中的主题词进行聚类，将公式 4.8 计算的主题词关联度，作为谱聚类中边的权重。聚类后，得到的每个分类作为该主题的子主题。子主题的重要性使用 LDA 获得的主题词权重的和表示，同时以权重最高的主题词作为子主题名称。

通过 4.2.1 至 4.2.4 主题图谱构建方法的步骤，绘制主题间的网络图以及主题图谱的树状结构，对主题图谱进行可视化展示，以便进一步分析主题间的关系，提升专业社交媒体中主题图谱的应用价值。

4.3 汽车之家论坛的主题图谱构建实验

汽车产品是最复杂的工业产品之一，汽车行业有着庞大的技术体系、多变的市场需求、高昂的研发与制造成本。此外，汽车产品价值较高，与人们的生活息息相关，是各类工业产品中普遍关注的重要产品。因此，本书以汽车之家论坛中的语料文本为例，开展专业社交媒体的主题图谱构建实验。

4.3.1 汽车之家论坛数据获取与预处理

本实验从抓取得到的汽车之家论坛中评论帖子库中，选取了 10 个热门车型论坛进行爬取，包括 M 论坛、Y 论坛、K 论坛等。爬取内容包括帖子标题、正文内容、配图文本等信息，其中配图文本是指正文中图片的说明文本。配图文本往往包含发帖人想表达的关键信息，因此本书在构建主题图谱时将正文内容与配图文本合并起来考虑。帖子的时间范围为 2016 年 9 月至 2017 年 9 月，共爬取约 20 万篇帖子内容。汽车之家论坛帖子示例见表 4.1。

表 4.1 汽车之家论坛文本数据示例

帖子	帖子标题	正文内容	配图文本
帖子 1	1.8TM 左前轮"轮速传感器"坏会不会影响到变速箱挂挡不走或抖	我是 2014 年 1 月 19 日入手的 MB7L 1.8T 豪华,开了近 3 年,因为平时还有一辆送货车,所以近 3 年了也才跑了 35 000 公里,也还算稳定;但眼看马上要出保了,就找到朋友的车行,让他升起来帮我看看,有什么问题在过保前搞定。朋友看后说:半轴球头那里有点点渗油,问题也不算太大,处不处理都不打紧……	两边光亮光亮是因为清洗过,请参考光亮的两边或中间那条,或者是上面那块挡板
帖子 2	新款 MB8,不再让我将就!	今年自己攒了一些钱,也向家里人借了一些,就买了刚刚上市不久的 M。因为预算大概是 25 万元左右。不是有这么一句话吗?如果你生命中那辆车曾经出现过,其他的车都是将就,而我不愿意将就,所以果断选择 MB8。去买之前已经了解了很多,空间大,各种智能化的设计,各种为顾客安全考虑的设计……	看这前脸,越看越喜欢!凸起线和大灯的契合非常完美!轮毂的设计很用心!后备箱按钮、方向盘和仪表盘
……	……	……	……

对汽车之家论坛帖子进行预处理:删除内容为空或 5 个字符以下的帖子;删除内容过长的灌水帖,即字数超过 500 字,却只包含不超过 20 个不同字符的帖子。处理后剩余 12 万余条汽车评论帖子。中文语句分词方面,采用 Jieba 分词工具,把常见的词组作为一个单词,同时在词典中加入汽车相关的常用词汇。然后进行文档合并、文本质量筛选、词性标注(POS),最后形成半结构化的多文档语料数据库。

4.3.2 汽车领域 Skip-Gram 模型训练与本体词汇扩充

本书采用张量流(TensorFlow)搭建并训练 4.2 节中介绍的 Skip-Gram 模型。设置模型训练参数:词向量维度 $size=100$,学习率 $alpha=0.05$,词最低频率 $mincount=2$,训练的窗口大小 $skip\_window=5$,最大迭代次数 $num\_steps=100\,000$。将多文档语料数据库输入模型,训练后得到所有词汇的词向量。

表 4.2 和表 4.3 举例展示了部分词语分别按照公式 4.4 和公式 4.5 计算得

到的语义相似度与上下文关联度,其中选取 $Top-N=10$。可见经过 Softmax 处理,使语义相似度与上下文关联度处于同一量纲之中,为加权度量关联度提供了基础。

表 4.2 Word2vec 语义相似词

原词汇	语义相似词语及其相似度（$Top-N=10$）
车身	车体 0.126,整车 0.106,车头 0.103,钢性 0.099,整体感 0.098,底盘 0.095,车架 0.095,车轮 0.093,冲击力 0.092,车尾 0.092
发动机	发送机 0.123,引擎 0.107,涡轮机 0.100,缸内 0.099,涡轮 0.099,缸体 0.098,心脏 0.096,放流 0.093,电喷 0.092
空调	暖风 0.131,暖气 0.125,冷气 0.119,风机 0.118,风量 0.117,制冷 0.115,冷风 0.112,风力 0.107,热风 0.107
冷却	降温 0.127,水冷 0.118,升温 0.116,风冷 0.113,冷却水 0.112,散热 0.111,水循环 0.109,回流 0.109,导热 0.107,冷缩 0.106
……	……

表 4.3 Skip-Gram 模型预测上下文邻近词

原词汇	上下文关联词语及其关联度（$Top-N=10$）
车身	好看 0.364,轮胎 0.255,内饰 0.128,线条 0.076,漆 0.055,磨损 0.027,影响 0.025,漆面 0.021,排气 0.014,镀铬 0.001
发动机	涡轮 0.342,影响 0.098,排气 0.084,磨损 0.076,日本 0.076,不行 0.075,高手 0.073,双涡轮 0.067,胎压 0.054,增压 0.054
空调	冷风 0.214,功能 0.205,设置 0.183,关闭 0.091,更换 0.063,控制 0.062,娱乐 0.061,空气 0.046,仪表盘 0.040,问题 0.034
冷却	轮胎 0.523,磨损 0.143,发动机 0.072,摩擦 0.064,气体 0.037,燃油 0.034,发现 0.034,更换 0.031,点火 0.028,地面 0.027
……	……

在获得了词语间语义相似度与上下文关联度后,进行扩充种子本体词汇的实验。种子本体词汇来源于全国科学技术名词审定委员会公布的《公路交通科技名词》[70],选取了其中汽车运输、汽车运用工程章节中的 454 个汽车专业词汇。根据 4.2 节中的本体词汇扩充方法,循环扩充 2 次并去重后,得到 27060 个

扩充的汽车本体词汇。原有语料库中的词汇数量为 17 万余个，因此计算可知，扩充后的汽车本体词汇约为词典总数的 15.8%，其余 84.2% 的词汇与汽车相关词汇的关联度较低，不作为入选模型词汇，以提高后续主题抽取模型结果的纯净度。

4.3.3 汽车之家论坛主题抽取

本实验按照 4.3 节中结合本体词汇的 LDA 主题抽取模型，编写 Python 程序执行。首先对文档以及词汇进行过滤，然后训练 LDA 模型。其中 LDA 模型是调用 "Topic Modeling with Latent Dirichlet Allocation" 库实现。LDA 模型的超参数：主题个数 $K=34$，$\alpha=0.1$，$\eta=0.01$，迭代次数 $iterations=100$，上述超参数的取值是通过网格搜索的方法确定。通过迭代计算不同超参数组合相对应的主题集合困惑度（perplexity），取困惑度最低时的超参数值。使用单独的 LDA 模型抽取主题，以及结合汽车本体词汇的 LDA 模型抽取主题，分别得到的部分主题见表 4.4。表 4.4 中的第一列主题名称是根据抽取得到的主题词人工命名的，表中加粗并带有下划线的词汇被认为是冗杂词汇，对解释主题帮助不大。可见直接使用 LDA 模型抽取主题，主题词中包含常见口语词 "开" "是" "到" 等，以及不相关的名词或动词 "纵情" "湖南" "妈" "弄掉" 等。常见的口语词可以通过停用词表去掉，但与汽车不相关的词汇难以去除。定义纯净度为相关词汇占所有主题词汇的比例，对抽取得到的 34 个主题的前 30 个主题词进行统计，直接使用 LDA 模型抽取得到的主题词纯净度为 75.3%（768/1 020），结合汽车本体词汇的 LDA 模型抽取得到的主题词纯净度为 95.5%（974/1 020），提高了 20.2%。

表 4.4　主题词抽取对比示例

主题名称	直接使用 LDA 模型抽取主题	结合汽车本体词汇的 LDA 模型抽取主题
速度	油　顿挫　变速箱　油耗　模式　跑　转速　**加**　**码**　寿命　**开**　**是**　油门　速度　T　vv　涡轮　**感觉**　问题　**数**　发动机　加速　挡　**到**　动力　汽油　**试试**　**会**　驾驶　**知道**	油门　顿挫　模式　反应　变速箱　速度　加速　手动挡　踩油门　换挡　车速　超车　自动　挡位　发动机　油耗　动力　手动　升挡　涡轮　松油　排量　降挡　离合　扭矩　加油　AT　转速　时速　减速

063

续 表

主题名称	直接使用LDA模型抽取主题	结合汽车本体词汇的LDA模型抽取主题
检修	循环 检查 检修 是 问题 有 纵情 影响 会 轮胎 温度 开 玻璃 漏水 副驾驶 水 发现 雾 情况 车辆 发动机 摩擦 湖南 后轮 前轮 时 车门 磨损 位置 没有	检修 漏水 排气管 检查 进水 缝隙 螺丝 索赔 位置 发动机 驾驶室 副驾驶 大灯 解决 刹车灯 水箱 车门 观察 部位 燃烧 玻璃 密封 四儿子 管子 痕迹 表面 洗车 清洗剂 橡胶 老化
异响刹车	声音 刹车 检查 问题 异响 启动 车子 出现 有 抖动 情况 响 发动机 是 老君 时候 遇到 冷车 解决 会 感觉 速 踩 时 开 震动 没有 打开 原因	异响 刹车 声音 问题 刹车片 震动 解决 遇到 响声 前轮 刹车盘 轮子 类似 原因 踩油 油门 启动 减震 抖动 解决办法 红绿灯 空挡 后轮
漏油	漏油 漏 索赔 变速箱 复位 胶 油 投诉 重力 换油 受伤 鉴定 卤素灯 服务 合作 排水 机油 妈 油封 没到 啊啊啊 恒 减震器 汽贸 途虎 氙灯 观察 弄掉 出保 晕 不平	变速箱 漏油 事故 问题 渗油 投诉 二手车 换油 发动机 油渍 换车 加工 售后 密封圈 油封 毛病 车况 报废 大修 索赔 证明 放心 担心 新车 四儿子 机油 保养 召回 维修 赔偿
......	......	......

注：黑体和有下划线的词语为这个程序里的关键词。

4.3.4 汽车之家论坛的主题图谱生成

本实验按照4.2.4节中的方法，获取主题之间以及主题内主题词之间的联系，然后生成汽车之家论坛的主题图谱进行展示。

按照4.2.4节中步骤得到的图模型如图4.6所示。图4.6由MapEquation提供的Network Navigator工具绘制。图模型中的节点是各主题，边的权重是按照4.2.4节步骤(2)的WMD模型计算得到的。公式4.8中的$SimCoef$语义相似度系数设置为0.5，该参数在系统中可以根据用户需求在[0,1]之间手动调节，$SimCoef$越大说明语义相似度在边中的权重越高。图模型中主题节点的数量为34，边的数量为1156，图4.6中只显示了120条权重大于1.31的边。图中边的粗细表示主题之间的强弱,即边权重的大小。图 4.6 中的主题关联可为汽车企业确定研发方向提供参考,例如图中左上方"导航"主题与"违章"的主题相连,汽车企业在研发导航系统时,应注重对违章事项的提醒与预防;再如,图 4.6 下方的"速度"主题、"变速箱"主题以及"爆胎"主题的关联较为明显,左上方的"发动机"主题和"方向盘"主题的关联较为明显,说明汽车企业在设计与改进这些功能时,应考虑功能之间的协同作用与相互影响。此外,图 4.6 中主题节点的大小表示该主题在图模型中的权重,可见高权重的主题为"驾驶、巡航""保险、事故""违章"等,汽车企业在选择研发方向时,可着重考察这些主题及其子主题涉及的方向。

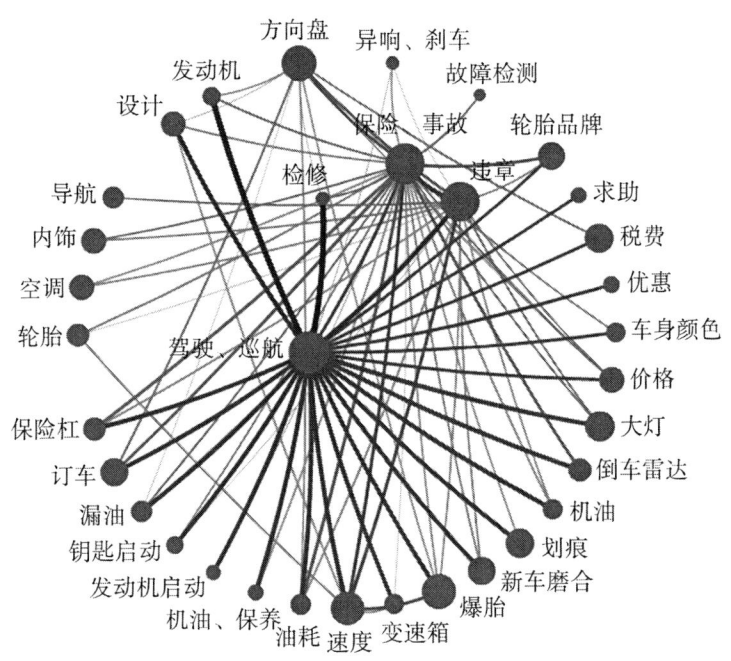

图 4.6 以主题为节点的图模型

按照 4.2.4 节中步骤(4),对每个主题内的主题词进行谱聚类。本实验采用 Python 机器学习库 Scikit-learn 中的谱聚类算法进行计算。在进行谱聚类时,超参数聚类类别数使用肘部法(Elbow Method)来确定,本实验使用的聚类类别数多为 $K=5$ 或 $K=6$。

图 4.7 展示了"保险、事故"主题周围的其他部分主题及其子主题,包括"违章""方向盘""轮胎品牌""异响、刹车""检修"等主题,这些主题之间的关系在图 4.6

用户知识系统：专业社交媒体中的知识管理

图 4.7 部分主题图谱示例

中进行了展示。图 4.7 中,每个一级主题拥有 30 个主题词,每个一级主题权重为该主题下主题词权重之和。例如,"保险、事故"主题的权重为 0.341,是其 30 个主题词权重之和。每个一级主题下拥有若干个二级子主题,子主题的排列顺序是由子主题中主题词权重之和的高低决定的,子主题的名称以该组中权重最高的主题词命名。例如,在"违章"主题下,其权重最高的子主题的主题词包括"违章 0.104""扣分 0.028""罚款 0.027""超速 0.024""盲区 0.005",该子主题的权重为五个词之和 0.188,其中权重最高的主题词为"违章",因此命名该子主题为"违章"。

根据图 4.7 示例可知,该汽车之家论坛的主题图谱内容能够建立树状结构的索引,能够用于加速知识的搜索与查询。此外,图 4.7 中的子主题对一级主题的含义进行了梳理与补充,能够帮助汽车知识使用者深入理解主题,同时了解一级主题下不同子主题的权重与关联关系。

图 4.6 与图 4.7 一同展示了汽车之家论坛的主题图谱中的主题内容以及主题间的层次关联关系,完成了对汽车之家论坛的主题图谱的可视化任务。

本实验共获取 34 个一级主题与 208 个二级主题,每个一级、二级主题都可以作为知识分类的维度,用于知识导航。

4.4　本章小结

本章提出了一种专业社交媒体的主题图谱构建方法。该方法从语义相似度与上下文关联度出发,先后通过 Skip-Gram 模型、扩充种子本体词汇、结合本体词汇的 LDA 模型以及图模型,构建专业社交媒体的主题图谱,并对主题图谱进行可视化展示。本书以汽车之家论坛为例,对本书主题图谱构建方法进行了实验验证。实验中,利用扩充种子本体词汇与结合本体词汇的 LDA 模型方法,剔除掉了词典中 84.2% 的非汽车领域词汇,将抽取的汽车之家论坛的主题词纯净度提升了 20.2%。通过构建以主题为节点的图模型,描述了主题之间的关联关系;通过谱聚类对主题内主题词聚类,形成子主题,描述了主题与子主题之间的层次结构,同时描述了子主题之间的关联关系。

第 5 章
用户知识系统的知识元建模

知识元建模是专业社交媒体用户知识系统建模中用于获取专业社交媒体中具体用户知识的部分,从原始数据库中获取原始语料数据,从主题谱图库中获取主题基础,然后通过建模过程,为知识检索与匹配服务提供可靠的知识输入,即可操作、可检索、结构化的知识元。知识元建模位于建模框架中的中间层。知识元有机地结合了知识管理和现代信息技术,汲取了知识管理中隐性知识分类、知识提炼、知识应用等思想,采用大数据处理、文本挖掘、机器学习等技术,在众多领域拥有较高的应用价值。从海量文本中抽取知识元,实现了对知识内容本身的检索、自由操作与管理,同时完成了知识的控制单位从文档到知识元的转变,提高了知识检索与操作的效率与灵活性。利用知识元中主题之间的关联度,能够实现知识的重组与创造,以及对知识的量化与评价。[8]从专业社交媒体语料到知识元的转化,能够提炼海量评论语料中的高价值信息,降低知识获取的难度与成本。知识元中的情感倾向、关键词与关键句,能够为当前主题热度的测度与监控提供数据基础。总之,专业社交媒体中的知识元抽取是多种知识管理与行为决策的基础,是专业社交媒体用户知识系统的核心模块之一。

本章以专业社交媒体文本为知识来源,首先通过主题模型获取去重后的主题列表;其次基于融合主题特征的 T‐LSTM 模型构建适合专业社交媒体中文本的情感分析模型;再次通过计算各词汇在图模型中的重要性与各词汇的语义相似度,抽取情感关键词与关键句,用于对文本主题与情感倾向的解释与补充;

第 5 章 用户知识系统的知识元建模

最后,将不同元素的抽取方法进行集成,形成完整的专业社交媒体用户知识系统的知识元抽取方案。

5.1 建模思路与框架

5.1.1 建模思路

知识元,又称为知识单元、知识元组,是用于操作和管理知识的知识基元,是可以自由切分、表达、存取、组织、检索和利用知识的独立的知识单位。[47]本书定义了知识元的一种表达形式,其元素包含知识主题词以及主题相关的关键信息。由于主题词能够准确反映知识元之间的各种隐含的有效关联,如等级种属关系、并列同一关系、簇类关系等,包含主题信息的知识元是一种较为合适的知识元表达方式。相比其他社交媒体如微博、脸书等,专业社交媒体中的语料内容性质专业且多为长文本。[71]本章针对专业社交媒体语料数量巨大、长短不一、创作随意性强、口语化的特点[72]以及知识操作与管理的使用需求,提出一种以"文本标题与文本内容"为数据源、结构为"文本主题、情感倾向、关键词、关键句"的知识元。在构建知识元抽取方法时,应着重考虑对针对专业社交媒体中的语料特点,采用前沿的深度学习与自然语言处理技术,构建准确性高、速度快的知识元抽取方法。

本书对知识元的数学定义:在专业社交媒体语料库 D 中,拥有 M 篇文章,知识元 u 是从文章 m 的标题 h 与内容 c 中抽取到的结构为<文本主题 t,情感倾向 p,关键词 k_w,关键句 k_s>的知识元,即 $u:(t, p, k_w, k_s)$。抽取的主要过程包括:首先,从语料库 D 中抽取主题列表 T,其映射表示为 $f_t: D \to T$;其次,在主题类别的基础上,抽取文本主题 t、情感倾向 p、关键词 k_w、关键句 k_s,其映射表示为 $f_u:(h, c, T) \to (t, p, k_w, k_s)$。

5.1.2 建模框架

本书的建模框架如图 5.1 所示。

该建模框架包含如下步骤:

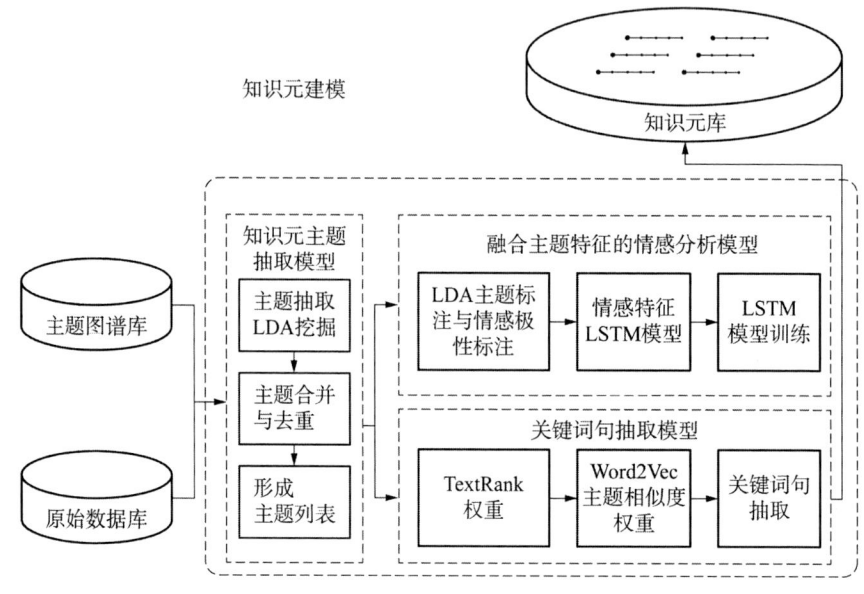

图 5.1 知识元建模框架图

（1）知识元主题抽取模型：运用 LDA 模型进行主题抽取，并合并重复主题，得到主题模型与全局主题列表 T，该 LDA 模型为后续情感分析与关键词句的抽取提供主题基础。

（2）融合主题特征的情感分析模型：利用 LDA 模型对帖子主题极性标注，同时进行情感极性标注，构建基于 T - LSTM 的情感分析模型，输出情感倾向 p。

（3）关键词句抽取模型：基于 TextRank 算法与 Word2vec 主题词相似度算法计算关键词句的加权重要度，从而实现关键词 k_w 与关键句 k_s 的抽取。

（4）模型集成：集成上述模型，训练并封装知识元 u 的抽取方法，并进行实验分析与验证。

5.2 知识元抽取方法

5.2.1 知识元主题抽取建模

本书首先通过训练 LAD 模型，在专业社交媒体的语料库 D 中，挖掘出合适数量的主题,得到主题列表 T。LDA 主题模型能够抽取得到专业社交媒体语料库中全局性的主题列表,将每篇文档单独输入 LDA 模型,从而得到语料库中每个文档所对应的主题。该模型为面向主题的情感分析与关键词句抽取提供了主题基础。

5.2.1.1 构建 LDA 主题抽取模型

LDA 模型是文本挖掘领域中最有效的主题抽取模型之一,是一种无监督机器学习技术,对于长文本或短文本均适用,可以用来识别大规模文档集或语料库中潜在的主题信息,已有众多学者将该方法用于抽取社交媒体文本中的主题。[40,5]该方法引入了潜在的主题变量,并假设主题词分布和文档主题分布都是狄利克雷(Dirichlet)分布,并使用估计方法推断出分布的先验参数,本节中的 LDA 模型是基于 4.3 节中的模型构建,本章节在此不再赘述 LDA 模型的具体算法。

5.2.1.2 主题去重

LDA 抽取得到的主题中会出现主题重复、冗余的情况,本书在得到初始主题列表 T_0 后,通过计算主题相似度的方法,进行主题去重,得到语料库 D 的主题列表 T。

计算两个主题是否重复或冗余,需要首先计算两个主题的相似度。抽取两个主题的前 W 个词,分别为集合 A 与集合 B,然后计算两集合的杰卡德相似系数(Jaccard Similarity),公式如下:

$$J(A,B) = \frac{|A \cap B|}{|A \cup B|} = \frac{|A \cap B|}{|A|+|B|-|A \cap B|} \tag{5.1}$$

遍历主题列表 T 中的主题,按照公式 5.1 计算两个主题间的相似度;将每个主题对的相似度 $J(A,B)$ 与给定的阈值(jaccard thresh)相比较,并记录下所有大于阈值的主题对,最后通过并查集(disjoint-set)方法进行合并,得到主题列表 T。

在主题去重后,主题分布更加合理,人工命名主题的工作量会相应减少,从而提高抽取速度与质量,最终抽取出属于语料库 D 的主题列表 T 以及相应的主题词 t。

5.2.2 融合主题特征的情感分析建模

了解用户对文本中主题上的情感倾向,是知识元抽取的关键任务之一,针对专业社交媒体文本,该任务能够帮助知识使用者了解用户需求、量化用户评价等。[73]本书在LDA模型抽取主题的基础上,采用LSTM模型计算用户发表文本(帖子)的情感倾向。由于模型自身的递归特性[74],本书在LSTM模型的训练过程中,引入了文本主题作为特征进行建模,引入文本主题特征一方面使情感倾向的获取更加地贴切文本主题,另一方面,利用主题与情感倾向之间的相关性提升情感分析的准确率。

5.2.2.1 主题与情感的相关性

在专业社交媒体中,用户发表的言论是以帖子的形式来表现的,由于帖子文本长短不一、类别鱼龙混杂,其情感属性难以把握。然而专业社交媒体中用户的帖子一般带有鲜明的主题,这些主题与情感倾向往往具有相关性。[75]此处以汽车之家论坛为例进行说明,帖子包含"买车晒车""故障与维修""配置对比"等主题。将由LDA模型得到各帖子的主题,与各帖子的情感倾向进行相关性分析后,认为帖子主题与帖子所包含的情感倾向有较强的相关性。各主题下帖子的情感倾向统计结果如表5.1所示。

表5.1 各主题下帖子的情感倾向统计举例说明

帖子目的性主题	负面	正面	中性	合计
购车价格与程序	182	132	1 248	1 562
汽车配置对比评价	341	451	1 315	2 107
汽车改装讨论	176	342	1 358	1 876
汽车保养讨论	269	153	126	548
故障、异常与维修	1 321	84	110	1 515
使用求助	105	262	2 026	2 393
买车晒车	58	703	253	1 014
轮毂轮胎讨论	40	67	336	443
活动与社交	2	9	308	319
其他	44	25	154	223
合计	2 538	2 228	7 234	12 000

由表 5.1 可知,买车晒车主题的帖子多为正面情感;涉及故障、异常与维修的帖子多为负面情感;而活动与社交帖子、其他类别的帖子例如二手交易帖,大多数不具有明确的情感倾向。从统计数据可知,帖子主题是一个强相关变量,将其输入 LSTM 模型作为特征进行学习,能够一方面使情感倾向结果贴近帖子主题,另一方面可以提升模型的分类效果。

5.2.2.2　融合主题特征的 T‑LSTM 情感分类模型

本书将在 LSTM 模型中引入 LDA 方法获取的主题信息的模型,命名为主题增强的 LSTM 情感分类模型(T‑LSTM)。T‑LSTM 的主要思想是:利用 LSTM 中各隐藏层的递归性,将 LDA 模型的主题词信息作为输入序列的后续时间节点(time-step)输入模型,然后利用样本在该主题上的情感倾向标注进行训练,通过学习情感倾向与主题信息的相关性,提高输出该主题上的情感倾向 p 的准确率。

LSTM(Long Short-Term Memory)模型,是在标准循环神经网络(Recurrent Neural Networks,RNN)的基础上,使用循环相连的记忆块(memory block)结构来代替标准的 RNN 中的隐层单元(hidden unit)。

RNN 的网络结构如图 5.2 所示,该结构包含输入层(input layer)、隐藏层(hidden layer)与输出层(output layer);图中的每一个节点代表该时间节点(time step)的一层网络,每层网络包含若干隐藏单元;其中 W_1,W_2,W_3 分别是输入层到隐藏层、隐藏层之间、隐藏层到输出层的权重矩阵,需要注意的是每个时间节点间使用的权重矩阵是相同的。这种结构能够灵活地处理序列化的输入数据。

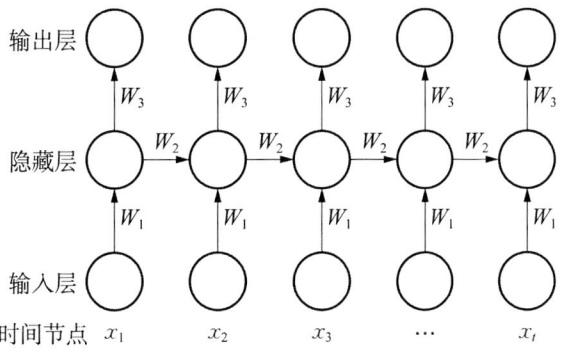

图 5.2　循环神经网络结构

LSTM 中记忆块的结构如图 5.3 所示,用来代替 RNN 中的隐藏层节点,记忆块由输入门(Input Gate)、遗忘门(Forget Gate)、记忆单元(Memory Cell)、输出门(Output Gate)组成。一个记忆块可以包含一个或多个记忆单元,输入门、输出门、遗忘门模拟了记忆单元进行"写""读"与"重置"的操作。

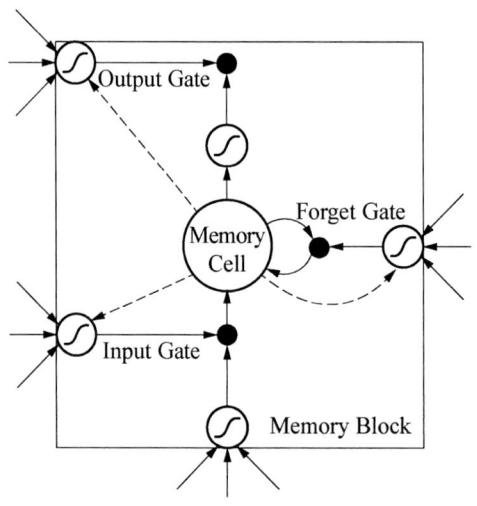

图 5.3　LSTM 中的记忆块

LSTM 的记忆块中,t 时刻的输入数据为 I 维向量 x^t。下标 l、ϕ、ω 分别代表输入门、遗忘门、输出门;a_l^t、a_ϕ^t、a_ω^t 分别是输入门、遗忘门、输出门的输出值。输入门、遗忘门、输出门的输入权重分别用 w_{cl}、$w_{c\phi}$、$w_{c\omega}$ 来表示;w_{it}、w_{ht} 分别代表输入向量的权重以及隐藏层之间的权重。s_c^t 则代表记忆单元 C 在 t 时刻的状态值。θ 代表三个门的激活函数;γ、η 分别代表记忆单元 C 输入与输出的激活函数。

T-LSTM 模型的整体结构如图 5.4 所示,共包含三层网络,自下到上分别是词嵌入层(Embedding)、T-LSTM 核心网络层、多层感知机网络(Multi-layer Perception, MLP)。

第一层,词嵌入层。词嵌入层位于整个模型的最底部,作用是对经过独热编码向量(One-Hot Vector)处理的词向量进行降维,从而减少模型的复杂度。词嵌入的输出 y_i 作为学习模型 $g:y \to z$ 的输入,已知任务 g 中对应 z_i 值。通过样本数据 $\{(x_i, z_i)\}_{i=1}^N$ 训练得到学习模型 $k:x \to z$,即 $z=g[f(x)]$,该过程中的模型 $y=f(x)$ 即为词嵌入的模型。

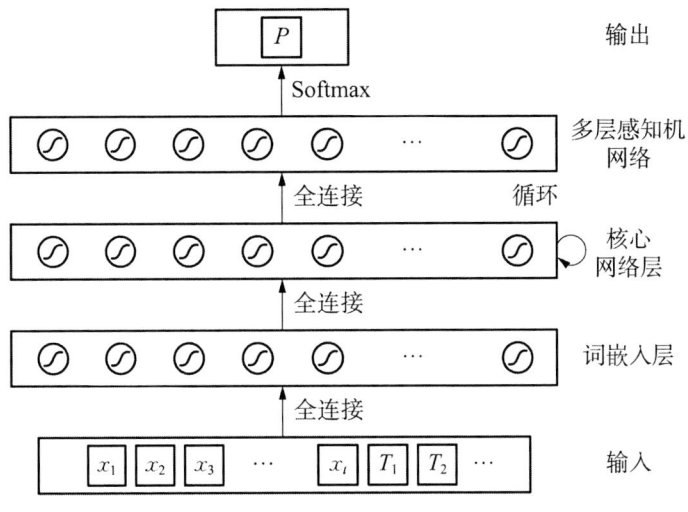

图 5.4　T-LSTM 网络结构图

第二层,T-LSTM 核心网络层。此处使用 T 代表主题向量,P 代表情感倾向向量,整个 LSTM 层的输入是不同时间节点 t 的词向量($\boldsymbol{x}_1$, $\boldsymbol{x}_2$ ⋯ $\boldsymbol{x}_t$),以及后续的主题词向量($\boldsymbol{T}_1$, $\boldsymbol{T}_2$ ⋯),输出为情感倾向 P 所对应的向量。引入主题信息作为特征后,LSTM 核心层的结构见图 5.5。图 5.5 中每个节点代表一层包含了一个记忆块的隐藏层,每个记忆块的输入是上一层的输出与该层的输入,即帖子文本层的输出会作为主题特征层的输入,最后的输出层既包括文本信息又包括主题信息。图 5.5 中 W_1、W_2 是输入与输出向量的权重矩阵,W_P 是情感倾向 P 在隐藏层之间的权重矩阵。

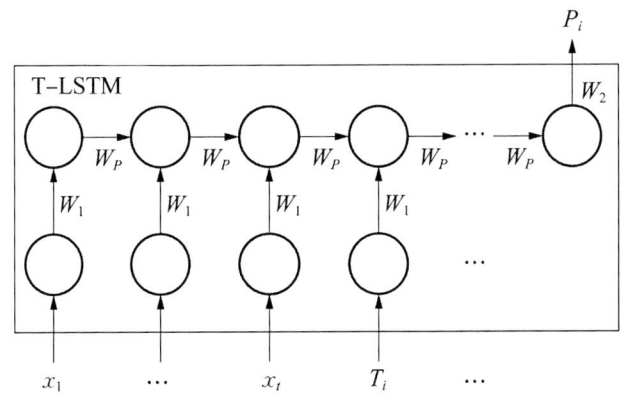

图 5.5　T-LSTM 核心层的网络结构

第三层，多层感知机网络。将第二层得到的主题向量与情感倾向向量输入 MLP 层，MLP 层输出的向量通过 Softmax 层得到情感倾向标签的概率 $(P_k)^{[74]}$，k 代表情感倾向，在模型训练得到的参数 μ 的条件下，目标概率可分别表述为

$$p(P_k \mid x, \mu) = \frac{e^{W_k^P x + b_k^P}}{\sum_{i=1}^{|P|} e^{W_i^P x + b_i^P}} \qquad (5.2)$$

上式中 e 为自然对数底，x 向量表示上一隐藏层节点输出的值，$(W)_k^P x + b_k^P$ 代表通过感知机层权重 W_k^P 与截距 b_k^P 计算得到的未归一化的概率。

假定训练样本为 M，模型中的节点数为 s，那么在训练时定义损失函数为：

$$L(\mu) = \frac{1}{M} \sum_{s \in M} \sum_{x \in s} l\{P_k = j\} \times \log p(P_k \mid x, \mu) + \alpha \|\mu\|^2 \qquad (5.3)$$

上式中 $l\{P_k = j\}$ 表示如果 $P_k = j$ 成立，则 l 的值为 1，否则为 0；$\alpha \|\mu\|^2$ 为损失函数中的惩罚项，μ 为模型中训练得到的参数，α 为惩罚系数，取值在 $[0,1]$ 之间。

本模型的训练采用 Adam 算法[74]，利用梯度的一阶矩估计和二阶矩估计动态调整每个参数的学习率。此处使用了随机丢弃（dropout）技术来防止模型过拟合，并采用小批次（mini-batch）的方法进行训练。训练完成后，对模型进行序列化保存，输出知识元中的情感倾向 p。

5.2.3 关键词句抽取建模

LDA 所抽取到的主题是所有文档层面得到的全局性主题，对于单个文档来说，其自身的主题往往无法与 LDA 得到的主题词一一对应，会出现主题词冗余的问题。文档级别的关键词句又不同于 LDA 主题，是对文档本身关键信息的抽取，抽取得到的关键信息比 LDA 主题词粒度更细，且关键词来源于该文档本身。本书综合文档级别关键词与 LDA 主题词抽取算法，在不偏离大主题的前提下，抽取文档关键词与关键句，提供对 LDA 主题以及情感倾向的解释。

因此，本书一方面使用 TextRank 算法计算单一文档中词、句的重要度，考虑文档级别的关键词句抽取；另一方面使用 Word2vec 算法计算文档中词句与

文档主题词的相似度,考虑抽取得到的关键词句在一定程度上与 LDA 主题词相一致。最终,通过加权的方法计算综合重要度,从而选取重要程度最高的词与句,作为该帖子的关键词 k_w、关键句 k_s。

5.2.3.1 基于 TextRank 的关键词句重要度计算

本书采用 TextRank 来抽取帖子中的关键信息,其基本思想是:首先将文本分割成若干组成单元(单词、句子),之后建立图模型,采用投票机制对文本中的成分进行排序[76]。该算法的优势在于不需要事先对多篇文档进行学习训练,仅基于单个文档的信息即可完成关键词的提取与文摘,完成过程简捷有效。

TextRank 模型的结构为一个有向有权图 $G = (V, E)$,由点集合 V 和边集合 E 组成,其中 E 是 $V \times V$ 的子集。有向图中任两点 V_i、V_j 之间边的权重为 w_{ji}。对于任意一个给定的点 V_i,$IN(V_i)$ 表示指向该点的点集合,$OUT(V_i)$ 表示点 V_i 指向的点集合。则点 V_i 的得分 $WS(V_i)$ 定义如下:

$$WS(V_i) = (1-d) + d \times \sum_{V_j \in IN(V_i)} \frac{w_{ji}}{\sum_{V_k \in OUT(V_j)} w_{jk}} WS(V_j) \quad (5.4)$$

上式中 d 为阻尼系数,其取值范围为 0 到 1,表示从图中某一特定点指向其他任意点的概率,默认取值为 0.85。上式中 $WS(V_j)$ 是点 V_j 的得分,该式通过递归迭代的方式进行计算,因此每个点的得分需要赋予一个随机初始值。

关键词抽取的目标是从给定的文本中自动抽取出若干有意义的词语或词组。其步骤包括:

(1) 将文本 M 按照句子 S_i 进行分割,用 $k_{i,j}$ 表示句中的词汇。

(2) 构建图 $G = (V, E)$,其中 V 为包含了 $k_{i,j}$ 的集合,E 为利用共现窗口构建两点间的边。

(3) 根据公式 5.4,迭代计算各节点权重,直至收敛。

(4) 倒序排序各点权重。

(5) 提取最重要的 N 个单词,如果形成相邻词组,则组合成多词关键词。

同理,在上述步骤中,将词替换为句子,即可抽取得到关键句。

5.2.3.2 基于 Word2vec 的关键词句主题相似度计算

Word2vec 模型是由谷歌提出的词向量模型,它尝试通过分析一个词的邻词(也称作语境)来确定该词的含义。因此,通过训练 Word2vec 模型,能够使用词向量之间的距离来表示词语的语义相似性。

本书通过训练 Word2vec 模型,得到所有语料中的词汇的词向量,然后利用词向量,计算文本中词、句与主题词的相似度。词语相似度采用余弦相似度来计算,a、b 表示两个词汇的词向量:

$$\cos\theta = \frac{ab}{||a|| \, ||b||} \tag{5.5}$$

计算文档中每一个词与该文档的 LDA 主题中的主题词的相似度,取最高的主题词的相似度作为该词的主题相似词相似度:

$$\cos\theta_i = Max_{j \in Topic_{words}}(\cos\theta_j) \tag{5.6}$$

然后以该帖单词集合为主体,进行归一化处理,得到单词的主题相似度:

$$sim_i = \frac{count_i \times \cos\theta_i}{\sum_{k \in All_{Words}} \cos\theta_k} \tag{5.7}$$

其中,$count_i$ 代表单词 i 出现的次数,k 是该文档中出现的单词。

对于句子与主题相似度的计算,本书采用将句子中与主题词中相似度最高的 m 个(默认值 $m=3$)词的相似度之和,并根据文档所有句子相似度之和进行归一化,得到的值作为句子的主题相似度。

5.2.3.3　加权计算关键词句重要度

综合使用主题相似度与 TextRank 重要度,来确定文档中词句的重要度,文档中每个词的重要度使用公式 5.8 计算。

$$I_i = w \times Sim_i + (1-w)TextRank_i \tag{5.8}$$

其中 w 代表主题相似度所占的权重,取值在 $[0,1]$ 之间,$TextRank_i$ 表示该词的 TextRank 重要度,Sim_i 表示该词的主题相似度。同理,文档中句子的重要程度也可通过公式 5.8 计算。

最后,将文档词汇与文档句子按照加权的重要度 I 倒序排列,截取权重最高的 T 个单词作为关键词 k_w,截取权重最高的 N 个句子得到关键句 k_s。

5.3　汽车之家论坛中的知识元抽取实验

汽车产品是最复杂的工业产品之一,汽车行业有着庞大的技术体系、多变的市场需求、高昂的研发与制造成本。[77]此外,汽车产品价值较高,与人们的生活息息相关,是各类工业产品中普遍关注的重要产品。因此,本书以汽车之家论坛为例,开展专业社交媒体中的知识元抽取实验。

5.3.1 汽车文本爬取

本书通过编写基于 Scrapy 的爬虫程序,抓取汽车之家论坛中的汽车评论帖子,选取了 10 个热门车型论坛进行爬取,包括 M 论坛、Y 论坛、K 论坛等,爬取内容包括帖子标题、正文内容、配图文本等信息,时间范围为 2016 年 9 月至 2017 年 9 月。删除内容为空或 5 个字符以下的帖子,删除内容过长的灌水帖,即字数超过 500 字却只包含不超过 20 个不同字符的帖子。共爬取 10 万余条汽车评论帖子。

5.3.2 文本主题抽取

5.3.2.1 训练 LDA 模型并输出主题列表

本书采用 Python 中"Topic Modeling with Latent Dirichlet Allocation"库,实现 5.2.1.1 节中所描述的算法过程。首先对帖子进行预处理,去除常用词、地名、品牌等名词。然后对模型的参数进行选择,主题个数 $K=20$,狄利克雷分布超参数 $\alpha=0.1$,$\eta=0.01$,迭代次数 $iterations=100$,并使用预处理后的帖子训练 LDA 模型后,得到初始主题列表 T_0。在通过 LDA 获得主题列表 T_0 后,对其中每个主题下的主题词进行同义词合并、无意义词剔除的处理,例如,发动机、引擎合并为发动机,轮胎、车胎合并为轮胎等。然后根据 5.2.1.2 节中的主题去重,此处设置每个主题取前 $W=20$ 个词进行相似度计算,主题合并的相似度阈值 $t=0.1$,即相似度超过 0.1 的主题将进行合并,得到主题列表 T。在运行去重模型后,原先 LDA 主题列表中的 20 个主题合并为 10 个主题,如表 5.2 所示,其中"主题"一列是根据 LDA 算法得到的分布最高的 10 个主题词进行人工命名得到的主题名称。

表 5.2　去重后的主题列表

主题序号	主题	分布最高的10个主题词
1	购车价格与程序	优惠　销售　贷款　价格　提车　落地　购置税　保险　订车　加价
2	汽车对比评价	配置　动力　运动　油耗　空间　变速箱　后排　内饰　落地　安全
3	汽车改装讨论	改装　导航　影像　大灯　升级　轮毂　安装　雷达　原车　疝气
4	汽车保养讨论	机油　保养　美孚　机滤　清洗　滤芯　节气门　火花塞　防冻液　空调
5	故障、异常与维修	异响　声音　追尾　刹车　抖动　问题　变速箱　顿挫　熄火　发动机
6	使用求助	大神　求助　请教　帮忙　进来　告知　指教　车友　请问　指导
7	买车晒车	实体店　作业　提车　版主　认证　颜色　好看　推荐　内饰　系统
8	轮胎讨论	轮胎　轮毂　胎压　影响　备胎　原厂　补胎　米其林　定位　磨损
9	活动与社交	猜车　活动　微信　车友会　咨询　交流　加入　软件　支持　音乐
10	其他	删除　本楼　管理员　精华　领先　论坛　自动　帖子　喜欢

5.3.2.2　运用LDA模型输出各文档主题

使用已经训练完毕的LDA模型,对每个帖子进行主题抽取操作,输出每个帖子的主题分布,部分文档获取的主题如表5.3所示,表中展示了概率最高的2个主题编号与主题名称。

表 5.3　各帖子抽取得到的主题展示

帖子序号	帖子名称	主题1	主题2
1	M发动机设计缺陷导致顶气门	5.故障、异常与维修	2.汽车对比评价

续表

帖子序号	帖子名称	主题1	主题2
2	第一次和 M 的亲密接触	2. 汽车对比评价	7. 买车晒车
3	M 近四年,些许问题请教老司机~	6. 使用求助	4. 汽车保养讨论
4	【吃胎更新】一代 18 000 公里车况解说	8. 轮胎讨论	4. 汽车保养讨论
5	别人都提新款了,我提老款 1.8 舒适	7. 买车晒车	1. 购车价格与程序
共 12 000 帖	……	……	……

5.3.3 情感抽取

本书同时使用 T-LSTM 模型、LSTM 模型与支持向量机(SVM)模型进行情感分析实验,并对实验结果进行对比分析。

5.3.3.1 人工标注数据集

采用 T-LSTM 模型进行情感分析,需要高质量标注的情感倾向标签,这些标签应该围绕文本本身的主题进行标注。

本书在语料库中选取 12 000 篇帖子,然后使用 LDA 模型提取每篇帖子的主题,主题属于上述主题列表中的 10 类主题。然后组建 8 人标注小组,依据该文本主题相关的情感倾向进行分工标注。人工标注的方法虽然费时费力,但可以保证标签的质量,为模型的训练质量提供保证。此外,为了保障标注质量,标注工作将进行交叉校验,即每篇帖子会有 2 人进行交叉标注,对标注结果不同的帖子重新进行标注。标注工作用时共计两周。具体标签的数量分布见表 5.1。将帖子按照 2∶1 的比例划分为训练集与测试集,分别为 8 000 篇与 4 000 篇。

5.3.3.2 模型超参数选取

采用训练集的 5 倍交叉验证(5-fold Cross-Validation)来选取模型的超参数,所选出的超参数也将用于下面的实验。其中 T-LSTM 模型与 LSTM 模型选取相同的超参数,其中词典的数量 w 的取值范围为 $(5\,000, 20\,000)$,搜索间隔为 1 000;词向量的维度 d 取值范围为 $(50, 200)$,搜索间隔为 10;LSTM 隐藏节点数 $H_l (100, 1\,000)$,搜索间隔为 100,漏码率 dropout 记为 $drpt$,取值为 $(0.5, 0.9)$,搜索间隔为0.1;为减少模型计算复杂度,MLP的隐藏层数为1,隐藏层节点 H_m 的取值范围为(50,200)。采用网格搜索(Grid Search)方法选择平均准确率最优的一组,该组数据见表5.4。此外,SVM模型的正则化常数 C 取值为1.0。

表5.4 T‑LSTM超参数取值说明

参数	中文名称	取值
w	词的数量	12 000
d	词向量维度	128
H_l	LSTM隐藏节点数	200
$drpt$	漏码率dropout	0.8
H_m	MLP隐藏节点数	160

5.3.4 实验结果分析

该实验是三分类问题,在包含4 000篇帖子的测试集中,"正面""负面"以及"中性"标签的数量分别为845、743、2 412。在训练过程中使用了不同样本数的训练集,其效果如图5.6所示,可见在训练集大小为4 000时,T‑LSTM的效果开始优于LSTM与SVM。由于T‑LSTM模型的复杂度高于其他两个模型,因此在训练集足够大时有相对优势。根据图5.6可知,在训练集大小为8 000

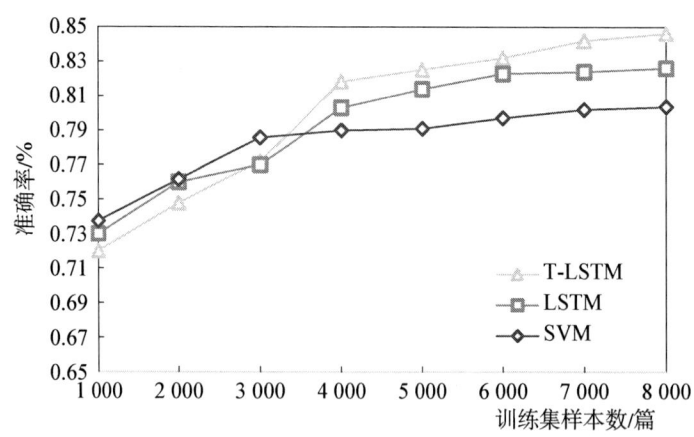

图5.6 不同样本数训练集下的模型准确率

时,T‑LSTM、LSTM 与 SVM 在测试集上的准确率分别为 84.9%、82.6% 与 80.4%。T‑LSTM 相比 LSTM 与 SVM,准确率分别提高了 2.3% 与 4.5%。

表 5.5、表 5.6、表 5.7 分别是 LSTM、SVM、T‑LSTM 模型在测试集上的混淆矩阵,其中标签"0""1""2"分别代表"正面""负面""中性",其实际数量分别为 845、743、2 412。通过混淆矩阵,能够清晰地了解各模型预测正确与错误的情况。相比之下,T‑LSTM 模型混淆矩阵中,标签"0""1""2"下,预测正确的数量分别为 621、591、2 161,均高于其他两个模型相应标签预测正确的数量。

表 5.5　LSTM 模型混淆矩阵

频数		预测值			合计
		0	1	2	
实际值	0	589	74	182	845
	1	36	572	135	743
	2	154	115	2 143	2 412
	合计	779	761	2 460	4 000

表 5.6　SVM 模型混淆矩阵

频数		预测值			合计
		0	1	2	
实际值	0	585	74	186	845
	1	57	557	129	743
	2	153	185	2 074	2 412
	合计	795	816	2 389	4 000

表 5.7　T‑LSTM 混淆矩阵

频数		预测值			合计
		0	1	2	
实际值	0	621	32	192	845
	1	35	591	117	743
	2	132	119	2 161	2 412
	合计	788	742	2 470	4 000

根据上述分析可知,T-LSTM 模型在融入主题特征以及改进 LSTM 结构后,在样本集充足的情况下,能够发挥 LSTM 模型处理序列数据的优点,同时通过将主题信息输入模型,提高了帖子在主题方向上情感分析的准确率。

5.3.5 关键词句抽取

关键词句的抽取将以两篇帖子为例(帖子内容可见表 5.14 中帖子 1 与帖子 2),展示关键词句抽取的过程与结果。

5.3.5.1 TextRank 重要度计算与 Word2vec 主题相似度计算

TextRank 重要度计算:通过编写 Python 程序,按照 5.2.3.1 节中的算法,对样本汽车帖子文本进行实验,模型中参数共现窗口长度 $K=6$,关键词个数 $T=20$,关键词最小出现次数为 1。基于 TextRank 的关键词计算结果如表 5.8 所示,关键句计算结果如表 5.10 所示。

Word2vec 主题相似度计算:本书采用 Python 中 Gensim 库训练 Word2vec 模型,设置模型训练参数词向量的维度 $size=100$,学习率 $alpha=0.05$,词最低频率 $mincount=3$,训练的窗口大小 $window=5$,将 12 余万篇帖子分词后输入模型,训练后得到所有词汇的词向量。然后,获取每篇帖子的 LDA 主题,根据 5.2.3.2 节中的方法计算帖子中词语的主题相似度。例如,帖子 1 的主题为:"5. 故障、异常与维修",其主题词包括:"异响、声音、追尾、刹车、抖动、问题、变速箱、顿挫、熄火、发动机";帖子 2 的主题为:"2. 汽车对比评价",其主题词包括:"配置、动力、运动、油耗、空间、变速箱、后排、内饰、落地、安全"。帖子 1 中"抖动""异响""问题""变速箱""发动机"等词在本帖子 LDA 主题词也出现,因此其主题相似度更高;同理,可得帖子 2 的结果。基于 Word2vec 的关键词主题相似度结果如表 5.9 所示,关键句主题相似度结果如表 5.11 所示。

表 5.8 关键词的 TextRank 重要度展示

帖子 1	词 1	词 2	词 3	词 4	词 5
词语	问题	无法	忍	用户	发动机
重要度	0.029	0.024	0.022	0.021	0.019

续表

帖子 2	词 1	词 2	词 3	词 4	词 5
词语	内饰	同事	看	落地	质感
重要度	0.031	0.019	0.018	0.017	0.013

表 5.9　关键词的 Word2vec 主题相似度展示

帖子 1	词 1	词 2	词 3	词 4	词 5
词语	抖动	异响	问题	变速箱	发动机
相似度	0.025	0.025	0.013	0.013	0.007
帖子 2	词 1	词 2	词 3	词 4	词 5
词语	空间	内饰	后排	外观	落地
相似度	0.022	0.019	0.019	0.019	0.013

表 5.10　关键句的 TextRank 重要度展示

帖子 1	句 1	句 2
句子	行驶 48 000 公里,昨天下班正常开车,突然车剧烈抖动……	我服了,真的服了,开了几年我基本都快会修车了
重要度	0.204	0.189
帖子 2	句 1	句 2
句子	展厅摆的是 330 豪华型的 M,落地不到 30 万元……	没有试驾,也就随便这么一看,不过对 M 的……
重要度	0.109	0.106

表 5.11　关键句的 Word2vec 主题相似度展示

帖子 1	句 1	句 2
句子	我不是黑 D,D 实在是太让人伤心了,完全不顾……	行驶 48 000 公里,昨天下班正常开车,突然车剧烈抖动……
相似度	0.221	0.149

续表

帖子2	句1	句2
句子	车子外观、空间都不错,给外观点赞,尤其内饰给我的……	展厅摆的是330豪华型的M,落地不到30万元……
相似度	0.137	0.125

5.3.6 重要度加权计算

在 TextRank 重要度与 Word2vec 主题相似度计算的基础上,根据公式 5.10 计算加权的关键词、关键句重要度,其中主题相似度权重 w 设为 0.5,关键词、关键句的计算结果分别见表 5.12 与表 5.13。

表 5.12 中,帖子 1 中的加权关键词为"问题""发动机""抖动""异响""无法",相比单独使用两种方法,"问题"与"发动机"两词的权重增加,"抖动"与"异响"两个主题相似度高的词入选为关键词,与表 5.8 对比,其针对帖子 1 内容的入选关键词更加合理。帖子 2 中的在加权计算后,高主题相似度的"空间""内饰""落地"入选关键词,"看"与"质感"被排除,与表 5.8 对比,其关键词更加贴近帖子 2 的主题。

关键句抽取使用基于 Word2vec 的主题相似度算法与 TextRank 算法,加权计算每篇帖子中的关键句的重要程度,也拥有相同效果,计算结果如表 5.13 所示。

表 5.12 加权的关键词重要度展示

帖子1	词1	词2	词3	词4	词5
词语	问题	发动机	抖动	异响	无法
重要度	0.021	0.013	0.013	0.013	0.012
帖子2	词1	词2	词3	词4	词5
词语	内饰	落地	空间	同事	后排
重要度	0.025	0.015	0.011	0.009	0.009

表 5.13 加权的关键句重要度展示

帖子 1	句 1	句 2
句子	行驶 48 000 公里,昨天下班正常开车,突然车剧烈抖动……	我不是黑 D,D 实在是太让人伤心了,完全不顾……
重要度	0.176	0.110
帖子 2	句 1	句 2
句子	展厅摆的是 330 豪华型的 M,落地不到 30 万元……	车子外观、空间都不错,给外观点赞,尤其内饰给我的……
重要度	0.115	0.069

通过上述流程,对语料库中所有帖子进行关键词句抽取,随机选择其中 2 000 篇帖子进行人工校验,使用单一 TextRank 进行抽取的关键词句合格条数为 1 402 条,合格率为 70.1%;融合主题相似度的加权算法抽取到的关键词与关键句通过检验的数量为 1 562 条,合格率为 78.1%,合格率提高 8%。

5.3.7 知识元抽取模型集成

将文本主题 t、情感倾向 p、关键词 k_w、关键句 k_s 的抽取方法进行集成,使用集成模型将语料转换为结构化的知识元进行储存,以便于在产品创新时对所需知识进行检索与使用。

首先,初始化集成模型,将文本语料库 D 输入 LDA 与 LSTM 模型进行训练,得到训练完成的模型文件。然后,编写应用程序编程接口(API 接口程序来加载 LDA 与 LSTM 的模型文件、输出模型结果、实现关键词句抽取过程。最终,输入单个文本标题与文本内容,输出结构化的知识元。该 API 实现了从文本标题 h、文本内容 c、主题列表 T 到知识元的映射,即 $f_u:(h,c,T) \rightarrow (h,c,t,p,k_w,k_s)$。

通过调用上述 API,能够将非结构化的文本转换为结构化的知识元,示例输出结果见表 5.14,其中文本主题 t 与关键句 k_s 取 $Top 1$ 条;关键词 k_w 取 $Top 5$ 条。最后,抽取 2 000 条文本调用该模型 API 进行人工校验,抽取合格的知识元的数量为 1 382 条,抽取的知识元合格率为 69.1%,其中知识元抽取合格,是指该知识元中所有元素均抽取正确,即文本主题、情感倾向、关键词与关键句元素均抽取正确时才视为抽取合格。

表 5.14　知识元抽取结果

帖子	标题 h	帖子内容 c	输出	
帖子1	M发动机设计缺陷导致顶气门	M 2013年8月2日购买！行驶48 000公里,昨天下班正常开车,突然车剧烈抖动,失去动力熄火,之后无法启动,还好当时路上车不多,如果是在快速路、高速公路,那后果不堪设想。车辆被拖走,经检查由于张紧器问题,使链条跳齿,导致顶气门。致电厂家400以已经过保为由拒绝一切赔偿,将近30万元的车,跑了三年4.8万公里出此问题,车辆质量上有严重问题,不能因为厂家产品设计问题,过保就要用户自己买单。我不是黑D,D实在是太让人伤心了,完全不顾用户安全,烧机油我忍了,变速箱我忍了,异响我忍了,在长春冬季后车门无法打开我忍了,这回又来发动机。M啊,你真此乃神车啊！我服了,真的服了。开了几年我基本都快会修车了。以上句句属实。	文本主题 t	5. 故障、异常与维修
			情感倾向 p	2. 负面
			关键词 k_w	问题、发动机、抖动异响、无法
			关键句 k_s	行驶48 000公里,昨天下班正常开车,突然车剧烈抖动,失去动力熄火,之后无法启动,还好当时路上车不多,如果是在快速路、高速公路,那后果不堪设想。车辆被拖走,经检查由于张紧器问题,使链条跳齿,导致顶气门。
帖子2	第一次和MB8的亲密接触	同事要买车,下班赖在我车上,要坐我载他去看车。也真是没有办法了,冲着他说的请客吃晚饭就陪他跑一跑吧。抓紧时间把这三家店跑了一圈。同事在考虑英朗、速腾、宝来、朗逸和凌渡这几个车,依我看肯定速腾和凌渡这两个好点,看起来档次都不一样。这一圈逛下来我最感兴趣的车就M,这车上市很久了,我还是第一次零距离跟它接触。车子外观、空间都不错,给外观点赞,尤其内饰给我的感觉很好,坐进车里第一感觉就是精致加豪华。展厅摆的是330豪华型的M,落地不到30万元,内饰的整体表现绝对符合这个价位。多处用的是软性材质,摸上去质感不错,真皮座椅柔软手感好。……	文本主题 t	2. 汽车对比评价
			情感倾向 p	1. 正面
			关键词 k_w	内饰、落地、同事、空间、后排
			关键句 k_s	展厅摆的是豪华型的M,落地不到30万元,内饰的整体表现绝对符合这个价位。

续表

帖子	标题 h	帖子内容 c		输出
帖子3	【吃胎更新】一代18 000公里车况解说	去年提的2014款手动豪华智能版,到现在已经一年多了,里程18 000公里。前天去保养的时候,换了美孚的机油,微信预约4L套餐加工时费加机油滤芯288元,由于经常在高速、国道、省道、乡道跑,之前感觉前轮磨得也算正常,毕竟佳通轮胎不是耐磨的轮胎,而且前驱车嘛,避免不了。35项检测的时候师傅给我拆了轮胎检查刹车盘,顿时被两个磨损的前轮吓了一跳。这是明显的吃胎,并不是磨损。店里的人建议更换轮胎,做四轮定位,这轮胎不能跑了。当时也介绍了邓禄普、普利司通、米其林这些。说到这里,的确庆幸我脑子还是清醒的,想到轮胎很多人反映吃胎的问题,我就先联系4S店那边,那边说这种产品质量问题先到那边检测,厂家会安排处理。事不宜迟,第二天一早就过去4S店了,接待员很有效率,一拍照填表,搞定……	文本主题 t	8. 轮胎讨论
			情感倾向 p	0. 中性
			关键词 k_w	更换、前轮磨、保养、磨损、免费
			关键句 k_s	前天去保养的时候,换了美孚的机油,微信预约4L套餐加工时费加机油滤芯288元,由于经常在高速、国道、省道、乡道跑,之前感觉前轮磨得也算正常,毕竟佳通轮胎不是耐磨的轮胎,而且前驱车嘛,避免不了。
……	……	……	……	……

经过上述实验分析可得,本书提出的结构为"文本标题、文本内容、文本主题、情感倾向、关键词、主题关键句"的知识元,其内容相较于已有文献更加丰富;在主题抽取方面,有效地去除了冗余主题,并为知识元的其他元素抽取提供支撑;在主题情感分析方面,由于加入了主题特征作为输入,相较于单一LSTM模型,准确率提高了2.3%;在关键词句方面,采用了主题相似度加权的抽取方法,相比单一的TextRank算法,其合格率提升8%,同时使抽取的关键词句更加贴近文本主题。上述各实验结果表明了本书构建的知识元抽取方法是一种高质量的抽取方法。

5.3.8 实验平台

上述所有实验所使用的平台与开发环境见表5.15。

表 5.15 实验平台与开发环境

CPU	I7-7700K，4.0GHz
内存	DDR3，8GB×4 共 32GB
GPU	Nvidia GTX 1080Ti（11GB 显存）
操作系统	Ubuntu 16.04.3
开发环境	Python 2.7.11
	Tensorflow 1.0.0
	MySQL 5.7.17

5.4 本章小结

本书提出了一种针对专业社交媒体的知识元抽取方法。首先，通过 LDA 模型提取出专业社交媒体中文本的主题，并对主题进行聚类与去重，形成主题列表。其次，通过融合文本主题构建了适用于专业社交媒体帖子文本的 T-LSTM 模型。再次，融合 TextRank 算法与主题相似度算法对文本中的关键词与关键句进行抽取，用于对主题与情感倾向的解释与补充。最后，对上述模型进行封装，通过封装程序将帖子文本转换为知识元，形成了完整的知识元抽取方案。

本书提出的模型能够较好地适应专业社交媒体论坛的文本特性，在主题提取方面进一步降低了主题的冗杂程度；在主题情感分析方面，围绕文本主题进行情感分析，提高了情感倾向分类的准确率；在关键词句方面，抽取得到的关键词句更加贴近文本主题。本书构建了完整的、系统的汽车社交媒体知识元的抽取方案，经过实验验证，抽取的知识元准确率达到 69.1%。此外，将深度学习与传统语义分析技术相结合并引入该知识元抽取方案中，是本抽取方法的特点。

第6章
用户知识系统的知识检索与匹配建模

知识检索与匹配建模在专业社交媒体用户知识系统建模框架中处于最上层的位置,是专业社交媒体用户知识系统与用户进行信息交互的窗口,是帮助用户获取所需知识的入口。知识检索与匹配是通过知识计算识别"知识需求",并对"知识需求"与"知识供应"进行匹配的过程。[9] 知识检索与匹配以提高知识的利用率为目的,在海量的知识中建立知识与知识需求之间的联系,最后将能够解决问题的知识供应关联至相应的知识需求。通过主题图谱建模与知识元建模,用户知识系统构建了结构化的、拥有丰富内容的主题图谱库与知识元库,这为知识检索与匹配建模提供了知识来源。然而,用户或企业遇到无法解决的问题,通常并不是因为知识储备不足,而是因为无法在海量的知识库中搜索得到准确、有效的知识集合。因此,知识检索与匹配服务是将问题描述转化为知识需求,并挑选合适的知识进行组合与转换,实现知识的吸收与再创造,形成知识供应,从而为用户与企业解决问题提供准确、低成本的知识集合,提升知识应用、知识创新的效率和效益。[9]

本章节聚焦于知识检索与匹配的建模,通过设计真实、准确、普遍的知识需求组织形式以及准确、简洁、全面的知识供应组织形式,构建满足准确性与高效性要求的知识匹配算法,从而实现知识检索与匹配的建模。

6.1　建模思路与框架

6.1.1　建模思路

知识检索与匹配的对象是知识,其聚焦点有两个,即知识组织的研究以及检索与匹配算法的探索。知识组织的关键问题是探索适合于不同的知识检索与匹配场景所使用的知识组织研究,一般包括知识需求与知识供应两种知识组织,研究知识组织的结构与内容。知识检索与匹配中的知识组织应凸显知识自身的特点,同时满足知识在匹配过程中表达、传递与匹配的需求。检索与匹配算法的主要探索内容是,设计合理的相似度计算方法,并利用该相似度通过排序、聚类等算法将相匹配的知识结合在一起,组成层次化、结构化的知识集合,从而提升知识的使用价值。

知识检索与匹配涉及的实体包括知识需求方、知识需求、知识供应、知识源。知识需求方通常是指为了寻求创新或解决问题而对知识产生需求的人或组织,是专业社交媒体用户系统的用户或企业用户,是知识服务的对象。知识需求是企业或用户(知识需求方)在生产经营或日常知识使用中,为解决出现的问题而产生的知识获取需求,又称为知识获取目标。知识供应是指能够直接提供给知识需求的知识方案,是相关联的、多维度的知识元组合方案,能够同时在深度和广度满足知识需求。知识源特指知识点的源头,在知识检索与匹配中一般指包含丰富知识单元的知识库,为知识供应提供资源。本章节中描述的知识检索与匹配模型如图 6.1 所示。

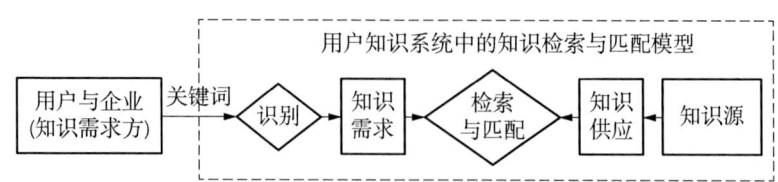

图 6.1　用户知识系统中的知识检索与匹配模型

专业社交媒体用户知识系统中的知识检索与匹配建模,需要着重考虑系统用户的知识需求。本系统中知识检索与匹配的内容来源于专业社交媒体中原始

第6章 用户知识系统的知识检索与匹配建模

数据库、主题图谱库、知识元库。首先,通过知识需求方提供的关键词或关键信息,结合主题图谱识别真正的知识需求;其次,从知识元库中筛选出与知识需求相关的知识元,并通过聚类方法形成知识供应;最后,将知识需求与知识供应匹配起来,并将匹配结果传递给知识需求方。

专业社交媒体用户知识系统中知识需求的组织形式应能够体现知识需求的真实性、准确性、高价值的特点。知识需求的真实性强调该需求是真实存在的,不是主观臆想出的伪需求,同时具有一定普遍性,存在一定数量的人群认可该需求。知识需求的准确性要求囊括了知识需求的全面性与时效性。全面地描述知识需求能够从多维度对需求进行完善的分析,有利于提高匹配知识供应的效率。知识需求会随着时间不断变化,因此注重时效性才能准确地反映知识需求。知识需求的目的是,通过自身内容的描述,为高价值知识供应的获取提供信息,知识需求的内容决定了知识供应的价值上限,高价值的知识需求能够充分体现知识匹配的意义。

专业社交媒体用户知识系统中知识供应的组织形式应能够体现知识供应的准确性、简单性、全面性的特点。知识供应的准确性体现在知识是否与知识需求相关联,能否有效地解决知识需求中的问题。知识供应的简单性意味着需要从纷繁复杂的知识中提炼出简单的知识,往往具有一定的结构化程度,能够清晰明了地描述知识的关键内容,从而使知识易于理解与传递。知识供应的简单性并非知识维度单一、知识内容单调,而是需要多个相互关联的知识点从不同维度给予阐释,多个知识点以知识网络的形式存在,从而形成全面的知识组织方法,为知识需求中的问题提供不同的解决思路。

专业社交媒体用户知识系统中的知识检索与匹配算法的形成,主要关注算法的准确性与高效性。知识匹配的准确性是由诸多因素共同决定的,包括主题背景、知识供需差距、知识价值等因素,构建合理的多维匹配模型是提升准确性的关键。此外,由于知识供应散落在海量的知识源中,检索与查询需要巨大的计算资源,且往往响应速度较慢,因此提升匹配算法的效率拥有重要意义。

因此,本章节的目的是构建适合专业社交媒体用户知识系统需求的知识检索与匹配方法,其内容主要包括两个方面:一是设计适合专业社交媒体用户知识管理的知识需求与知识供应的知识组织结构,以满足知识需求真实性、准确性、高价值的特点,以及知识供应正确性、简单性、全面性的特点;二是设计专业社交媒体中用户获取所需知识的高效匹配算法,并构建完整的知识匹配流程。

6.1.2 建模框架

本章的建模框架如图 6.2 所示。

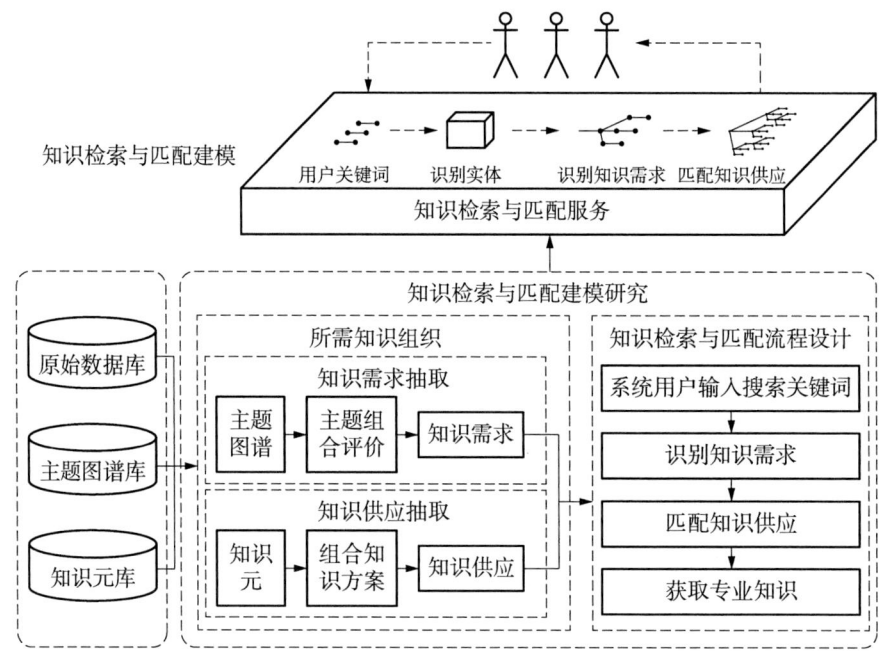

图 6.2　知识检索与匹配建模框架图

本章节中专业社交媒体用户知识系统知识检索与匹配的建模步骤包括：

（1）构建知识需求的知识组织结构，并抽取知识需求：在构建主题图谱的基础上，利用主题图谱中的主题词形成备选组合。然后利用专业社交媒体中的原始语料，筛选出用户提出的问题，并使用筛选出的问题语料构建 FP-Tree 用于对备选主题组合进行支持度测度，从而获取支持度较高的备选主题组合作为知识需求。

（2）构建知识供应的知识组织结构，并生成知识供应：首先，使用 Word2vec 技术获取词语间的相似度矩阵，构建知识元库中词语的倒排索引，通过倒排索引对相关知识元进行搜索，获取相关度较高的知识元；其次，对上述知识元依据知识元相似度进行聚类，生成聚合的知识方案；最后，将知识方案中的综合情感指数、关键词句、知识结论抽取出来，作为知识方案的精简信息，从而形成完整的知识供应。

（3）基于用户视角，设计知识检索与匹配的应用流程：首先，用户需要输入检索关键词；其次，根据关键词获取相关的实体，并结合主题图谱识别用户真正的知识需求；再次，再利用知识元库，通过获取与知识需求匹配度较高的知识元，并对其进行聚类、聚合、提炼等操作获取知识元集合，并将其作为知识供应；最后，将结构化、全面的、清晰的知识供应提供给用户。

6.2 知识检索与匹配方法

6.2.1 知识需求建模

知识需求是企业或用户在某一特定主题上对相关知识的获取需求。本书第4章中构建的主题图谱是从专业社交媒体中所有用户的语料构建而来的，用户语料包含了用户的主观评论、使用体验、用户间的交流互动以及用户提出的各种问题等文本内容。知识需求的构建应该具有真实性和准确性，从用户的语料中挖掘知识需求，能够使主题图谱中的主题内容涵盖用户讨论的各方面主题，同时也囊括了知识需求。因此，知识需求可以视为主题图谱的子集，是主题图谱中包含用户或企业知识需求的主题组合。本章节将在构建主题谱图的基础之上，通过机器学习方法与文本聚类方法获取知识需求。

本章节中，定义知识需求的知识组织为：

$$< 知识主题\ t, 子主题组合\ t_{set}, 支持度\ s, 需求问题集\ q_{set} >$$

其中知识主题 t 来源于主题图谱中的主题，子主题组合 t_{set} 为主题图谱中能够体现知识需求的子主题的组合，支持度 s 则表示该知识需求重要程度，需求问题集 q_{set} 是与子主题组合相对应的用户提问。

抽取知识需求的过程可以概括为：从专业社交媒体的用户提问语料 D_q 与主题图谱 T，通过知识需求方法 f_d，抽取专业社交媒体中知识需求，其映射表示为：

$$f_d : (D_q,\ T) \rightarrow (t,\ t_{set},\ s,\ q_{set}) \tag{6.1}$$

该映射过程所对应的流程如图6.3所示。

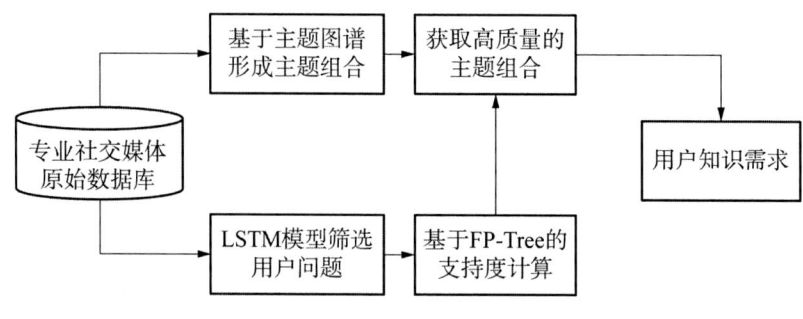

图6.3 知识需求挖掘流程图

由图6.3可知,知识需求挖掘的步骤包括:(1)在构建专业社交媒体用户知识系统的主题图谱库的基础上,对主题图谱中主题的主题词进行组合,形成的备选主题组合,即为潜在知识需求(知识主题t,子主题组合t_{set});(2)利用专业社交媒体用户语料训练LSTM模型,并使用该模型从原始数据库的用户语料中筛选用户问题;(3)使用筛选得到的用户问题文本,构建基于FP-Tree模型的知识需求支持度测度方法,从而计算每个潜在知识需求的支持度s。最终根据该过程中使用到的用户问题帖,形成该知识需求的问题集q_{set},该问题集能够为知识需求的抽取提供依据和细节支持。

6.2.1.1 基于主题图谱形成主题组合

本书第4章中的专业社交媒体用户知识系统的主题图谱建模,其内容包括专业社交媒体中用户所讨论的各种主题以及主题之间的层次关系。知识需求往往是建立在多个相似或相邻近的主题之上的,一个知识需求中涵盖的主题词,大多在一个主题簇下。例如在汽车之家论坛中,"4S店全款提车有什么需要注意的吗?是不是必须在店里上保险?"这样一个知识需求,其核心主题t为"提车",该知识需求中还包含"保险"主题,那么"提车""保险"就形成了一个子主题集t_{set}。在主题图谱中,"提车"的主题下包含"保养""新手""置换""补贴""新车""收费""旧车""价格""注意"等子主题词。由于主题图谱是从全局语料中抽取得到的,主题簇之间的主题词联系密切,因此知识需求所对应的主题集t_{set}往往包含在主题图谱的主题集中。

为了从主题图谱中筛选得到知识需求所对应的主题集t_{set},首先需要从主题图谱中生成备选主题组合t_{total_set},可表示为:

$$t_{total\_set} = \{C_{1N}^{M}, C_{2N}^{M}, \cdots, C_{KN}^{M}\} \quad (6.2)$$

其中 K 表示主题图谱中的主题簇个数,每个主题簇包含 N 个主题词,从 N 个主题词中任选 M 个主题作为备选主题组合。备选主题组合 t_{total_set} 中的主题组合个数 T 为:

$$T = \frac{N(N-1)\cdots(N-M+1)}{M!} \cdot K \quad (6.3)$$

由上式可知,备选主题组合 t_{total_set} 中主题组合的数量随着主题数和主题词数的增长呈指数级增长,因此需要高效、快速的方法对主题组合是否为能够支持知识需求做出判断。

6.2.1.2 基于 LSTM 模型的用户问答帖筛选

专业社交媒体的用户语料中包含潜在用户知识需求,但是由于用户语料包含大量五花八门的文本信息(例如广告信息、二手交易信息等),直接从这些语料中进行挖掘,会获得与知识需求或专业领域无关的信息需求,从而降低知识需求的价值以及与本专业领域的相关性,得到杂乱无章、包含伪需求的知识需求。

因此,为了获得高质量的知识需求,首先需要从专业社交媒体中得到适用于挖掘知识需求的"原料",即能够产出满足知识需求特点的高质量用户语料。这些高质量的语料应包含两个特点:一是包含知识需求,即包含用户提出的问题或知识需求;二是包含本专业领域信息。问答帖是专业社交媒体中一种重要的帖子类型,大部分问答帖都满足上述两个特点,因此将是否为问答帖作为知识需求备选语料筛选的依据。识别问答帖并剔除不包含专业知识的问答帖,将这些问答帖作为知识需求挖掘的文本"原料"。

本书将训练 LSTM 模型,通过该模型判断语料帖子是否为问答帖,识别该问答帖是否包含该领域专业知识,流程如图 6.4 所示。

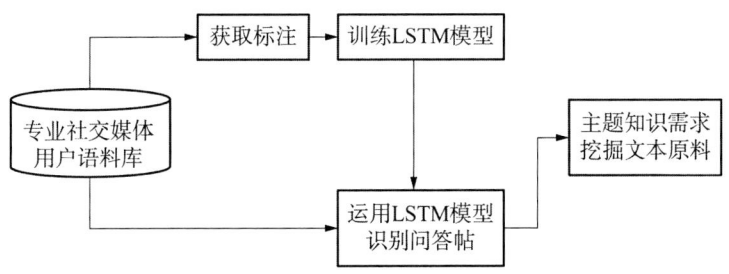

图 6.4 基于 LSTM 模型筛选问答帖流程图

(1) 获取标注。LSTM 模型的训练依赖于高质量的训练集,因此获取合理标注数据集至关重要。然而纯人工标注费时费力,应借助专业社交媒体中的现有标签进行标注。大多数专业社交媒体都拥有问答板块,其中包含一定数量的问答帖,这些问答帖相当于用户自发地进行标注,本书将其作为正样本。负样本则在剩余的帖子中,通过人工标注的方法筛选出来。

(2) 训练 LSTM 模型。LSTM 模型的优势在于其使用循环相连的记忆块结构来代替标准的 RNN 中的隐层单元,能够将句子中远距离的词语之间的关系保存下来,适合识别问答帖的场景。LSTM 的具体模型已在 5.3 节中具体描述,此处不再赘述。使用标注后的训练集,训练 LSTM 模型。

(3) 运用 LSTM 识别问答帖。将专业社交媒体中没有标注的帖子依次输入该模型中,将识别出的问答帖存入数据库,形成知识需求挖掘原料库。

6.2.1.3 基于 FP-Tree 模型的知识需求支持度测度模型

备选主题组合 t_{total_set} 中的主题组合数量庞大,需要构建一种方便用户需求度计算的方法,能够基于原始语料快速计算某个主题组合的用户需要程度,从而利用该方法筛选出符合要求的主题组合作为知识需求。本书的思路来源于电商挖掘中的一种常用方法——关联分析(apriori),即如果一个备选主题组合 t' 中的主题词常常同时出现在一个问题帖当中,那么这个主题组合是知识需求的概率就较高。按照这个思路,只需计算出每一个备选主题组合在知识需求挖掘原料库中的支持度 s,然后设置支持度的阈值 T,筛选出高支持度的主题组合作为知识需求。此处定义知识需求支持度

$$s = \frac{\sigma(t'_1 \cup t'_2 \cup \cdots \cup t'_n)}{N} \tag{6.4}$$

其中,$\sigma(t'_1 \cup t'_2 \cup \cdots \cup t'_n)$ 表示主题知识组合 t' 的主题词在知识需求挖掘原料 D_q 中的问题帖同时出现的次数,N 代表 D_q 中问题的总数量。支持度 s 的含义是表示该主题知识组合 t' 在知识需求挖掘原料中出现的频繁程度。

然而,根据公式 6.2 可知,备选主题组合 t_{total_set} 中主题组合的数量随着主题数和主题词数的增长呈指数级增长,遍历知识需求挖掘原料库需要巨大的计算资源与时间。而且在每次出现新的主题组合并需要计算支持度时,需要重新遍历知识需求挖掘原料库。因此,直接通过遍历的方法计算知识需求支持度 s 的效率十分低下。本书将借助 FP-Tree 数据结构,提高计算效率。FP-Tree 采用

第6章 用户知识系统的知识检索与匹配建模

了分治的思想,将原有的事务数据压缩到一棵频繁项树中,减少了原始数据的数量,但保留了各项之间的关联信息。[78]

本书中构建 FP-Tree 的流程如下:

(1) 首先,对知识需求挖掘原料库中每个问答帖的标题语句进行分词,并使用主题知识图谱中的主题词典对这些词语过滤,剔除不是主题词的杂乱词语,用筛选后的主题词代替。

(2) 其次,遍历知识需求挖掘原料库中每个问答帖的标题,得到词频为 1 的词集,定义每个词语最小支持度(即词语出现最少次数),删除那些小于最小支持度的词语,然后将原料库中的标题按词语的集中程度降序排列。

(3) 再次,遍历原知识需求挖掘原料库中每个问答帖的标题,创建项头表(将主题词按照词频从上往下降序排列)。然后对于项头表中的每个主题词,找到其条件模式基(CPB, Conditional Patten Base),按照算法 6.1 中的第 4 步,递归调用树结构,删除支持度低的词语组合。

算法 6.1　FP-Tree 构建算法流程

1. 输入:事务列表[Transaction1,Transaction2,…]
2. 输出:频繁模式集合及相应的频数字典 FrequentPattens 及其频数
   {Patten1:count1,Patten2:count2,…}
3. 初始化 PostModel=[],CPB=[transactions]
4. 运算函数
   FPGrowth(CPB,PostModel){
   　if CPB 为空:
   　　stop
   　// 统计 CPB 中每一个项目的计数,把计数小于最小支持数 minSuport 的删除掉
   　// 对于 CPB 中的每一条事务按项目计数降序排列
   　// 由 CPB 构建 FP-Tree,FP-Tree 中包含了表头项 headers
   　// 每一个 header 都指向了一个链表 HeaderLinkList
   　// 链表中的每个元素都是 FP-Tree 上的一个节点
   　for header in headers:
   　　newPostModel=header.name + PostModel
   　　// 把键值对 newPostModel:header.count 加到 FrequentPattens 中。
   　　newCPB=[]
   　　for TreeNode in HeaderLinkList:
   　　　// 得到从 FP-Tree 的根节点到 TreeNode 的全路径 Path
   　　　// 把 path 作为一个事务添加到 newCPB 中,重复添加 TreeNode.count 次
   　　FPGrowth(newCPB,newPostModel)

在 FP-Tree 建立后,对备选知识需求集中的每个主题词组合,按照公式 6.4 进行支持度测度。

6.2.2 知识供应建模

知识供应是指某一特定知识需求所对应的相关知识点,其内容包含多个能满足知识需求的知识方案,而这些知识来源于知识元库。知识需求是知识供应的主要服务对象,知识供应随着知识需求的变化而动态变化。因此,本书在此定义知识供应的组织形式为:

$$<知识需求, Set<知识方案(Set<知识元>),知识结论>>$$

其中,每个知识需求对应多个知识方案;知识方案是多个拥有相似内容或含义的知识元集合,其中每个知识元都是该知识方案的支撑点;此外,每个知识方案对应一个知识结论,知识结论是对该知识方案的总结与概述,其内容是由若干简短的语句组成的。知识供应的结构示例如图 6.5 所示。

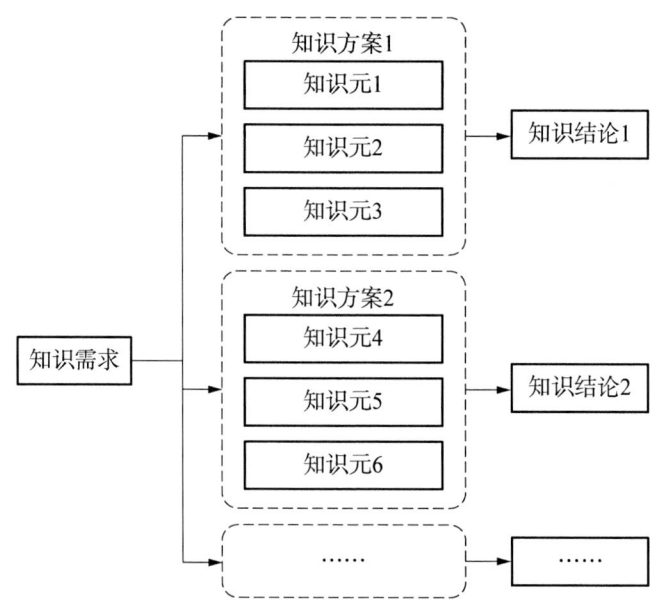

图 6.5 知识供应的知识组织形式

根据知识供应的结构需求,可将知识供应获取模型分为三个步骤:

(1) 根据知识需求匹配相关知识元：在知识元库中，将包含知识需求中的主题词或其近义词的知识元筛选出来，并在保证筛选高效性的前提下，实现筛选结果的全面性。

(2) 知识元聚类生成知识方案：考虑主题、关键词、关键句、知识含义等维度，定义知识元之间的相似度；然后使用该相似度计算得到知识元间的两两相似度矩阵；最后将知识元之间相似度作为边的权重构建图模型，使用谱聚类进行聚类，得到的每个类簇即为一个主题知识方案。

(3) 生成主题知识结论：将知识元中的内容进行合并，然后对知识元中各个关键词与关键句计算其重要程度，生成知识结论。

6.2.2.1 根据知识需求匹配相关知识元

根据知识需求，在知识元库中匹配包含知识需求中词汇或与该词汇相似的知识元，从而为知识供应的提炼提供基础。知识需求会随着语料内容的变化而变化，只有高效、全面地在知识元库中进行检索，才能够满足匹配需求。因此，为了提高匹配的速度，同时保证匹配结果的全面性，本书将引入语义相似度计算技术与全文检索技术匹配知识元，具体包括以下几个步骤：

(1) 词语间相似度矩阵构建

基于相似度矩阵，筛选知识需求中主题词的同义词与近义词。由于专业社交媒体语料中包含形形色色的同义词或近义词，且口语化较为严重，例如在汽车之家论坛中"换胎"与"换鞋"是同义词，"发动机"与"心脏"是近义词，因此为了匹配得到全面的知识元集合，首先需要找出知识需求中词语的同义词与近义词。本书将使用在第 4 章中使用的 Word2vec 技术获取词语之间的相似性，并构建基于扩充的本体词汇的相似度矩阵，从而加快查找的速度。具体的 Word2vec 算法以及扩充的本体词汇表见 4.3.1 与 4.3.2 所述，在此不再赘述。最后基于相似度矩阵，设定相似度的阈值 $threshold \in [0,1]$，快速找出语义相似度高于阈值的词汇，并建立这些词语之间的映射关系。在后续知识元库中进行检索时，这些词汇及其映射关系能够用于同义词或近义词之间的替换。

(2) 扩充的本体词汇在知识元库中的索引构建

知识元库包含成千上万条知识元数据，知识元是一种半结构化的数据，其结构内容为 $<文本主题 t, 主题情感倾向 p, 关键词 k_w, 关键句 k_s>$。如果根据被检索词遍历整个数据库中每个知识元，势必会大大降低检索速度。此外，步骤

(1)中得到的被检索词语是知识需求中的主题词语及其近义词,这些词语均来自扩充的本体词汇。因此,本书将使用 Lucene 全文检索技术[79],事先为知识元库中数据建立索引,然后利用该索引进行高速匹配。利用全文索引加速匹配的思想是"用空间换时间",相较于每次匹配都遍历全部数据的方法,其优势是只需建立一次索引并将其储存,在每次匹配主题词时均可重复使用。此外,在语料或知识元库更新后,只需再更新索引即可。

本书中使用的倒排索引结构如图 6.6 所示,该图中使用汽车之家论坛中的知识元进行说明,其结构包括词典和倒排链表两部分,其中词典部分采用哈希表(Hash Table)的方式进行构建,然后利用词语所对应的哈希值查找其所对应的内存指针。

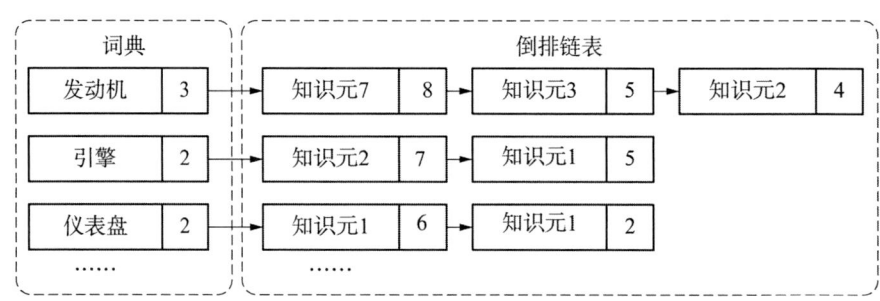

图 6.6 倒排索引结构图

如图 6.6 中左边部分所示,词典中的内容包括每个单词的字符串以及所对应的文档频次,即包含该单词的知识元频次,并按倒序排列,存储格式为<词语,知识元频次>。每个单词对应一个倒排链表,倒排链表的主要目的是记录包含该词语的文档。每个单词所对应的内存指针,指向包含该单词的文档列表,即包含该单词的知识元。如图 6.6 中右半部分所示,倒排链表中的元素格式为<知识元编号,词典中词语频次>,其顺序按照该知识元包含词典中单词的频次倒序排列,并以链表的数据结构进行存储。统计词典中每个单词的知识元频次以及单词在各知识元中出现的频次,能够为检索结果的排序提供重要依据,能够为后续聚类计算提供权重,能够用于计算文档重要性并优化排序等。

(3)基于倒排索引的知识元匹配

利用倒排索引进行主题词匹配,获取包含知识需求中任一主题词 T_i 的知识元集合 S,并利用知识需求与知识元匹配度进行筛选。由于每个主题需求包含多个主题词,如果只通过单个主题词匹配知识元,会得到一些与主题需求相关程度较低的知识元,使得匹配结果丧失全面性与准确性。此外,在匹配每个主题词时,通过倒排索引能够获得相应的知识元频次以及每个知识元包含该主题词的频次。因此,在通过倒排索引获取包含主题词的知识元集合之后,本书通过计算知识需求与知识元的匹配度 MD(Matching Degree),筛选出匹配度较高的知识元进行匹配。该过程可通过下列公式描述:

$$T = \{T_1, T_2, \cdots, T_n\} \tag{6.5}$$

集合 T 表示该主题需求中所有的主题词,T_n 表示主题需求中的第 n 个主题词;

$$S = \{U_1, U_2, \cdots, U_m\}, T \bigcap U_m \neq \emptyset \tag{6.6}$$

S 表示所有包含至少一个主题词 T_i 的知识元 U_m 的集合;

$$MD_m = \sum\nolimits_{T_i \in U_i} T_{i,F}, U_i \in S \tag{6.7}$$

MD_m 表示知识需求与第 m 个知识元之间的匹配度,$T_{i,F}$ 表示主题词 T_i 所对应的知识元 U_i 中的出现频次,U_i 是集合 S 中的元素。该匹配度的计算公式可以理解为知识元中出现的每个主题词频次之和。

获得集合 S 中每个知识元与知识需求的匹配度后,可根据集合 S 中知识元的数量计算匹配度,筛选出 Top_N 的知识元作为匹配结果,记作 U_S。

在匹配知识元的过程中引入倒排索引,能够大大降低算法的时间复杂度,并在保证匹配效率的同时,通过计算匹配度对知识元进行筛选,保证了匹配结果 U_S 的准确性与全面性。

6.2.2.2 基于知识元聚类生成知识方案

在知识需求获取相匹配的知识元集合 U_S 后,需要从该集合中生成若干主题知识方案。一个主题知识方案由多个知识元组成,这些知识元拥有相似的内容或主旨,描述了相似的客观事物或知识,能够从相近的角度支持知识需求。因此,本书将从计算知识元相似度的角度出发,对集合中的知识元进行聚类,将聚类结果的每个知识元簇作为一个主题知识方案。

然而,本书中的知识元是一种半结构化的数据,其结构为 $<$文本主题 t,主题情感倾向 p,关键词 k_w,关键句 $k_s>$,其中关键词与关键句均为非结构化数据。此外,知识元拥有多维属性,已有的知识元相似度模型多基于集合的概念——

一计算对应属性集合的相似度,然后通过加权求和的方式获取相似度。[80]然而基于集合的相似度模型,难以考虑关键句中的词语顺序所包含的信息,因此本书提出一种基于双语评估研究(BLEU)模型的知识元相似度模型,用于知识元聚类。

(1) 知识元的相似度模型

本书中的知识元相似度模型的思路是:根据知识元中各个元素的特性,采用不同的相似度计算方法分别计算对应元素的相似度,然后加权求和,得到全面且信息丢失较少的相似度,在此定义知识元 u_i 与 u_j 之间的相似度为:

$$Sim(u_i, u_j) = w_h Sim_B(h_{u_i}, h_{u_j}) + w_t Sim_J(t_{u_i}, t_{u_j}) \\ + w_p Sim_P(p_{u_i}, p_{u_j}) + w_{k_w} Sim_J(k_{w_{u_i}}, k_{w_{u_j}}) \\ + w_{k_s} Sim_B(k_{s_{u_i}}, k_{s_{u_j}}) \quad (6.8)$$

其中,w_h、w_t、w_p、w_{k_w}、w_{k_s} 分别表示知识元中标题、主题、情感倾向、关键词、关键句的相似度权重值,有 $w_h + w_t + w_p + w_{k_w} + w_{k_s} = 1$,即权重之和为1;$h_{u_i}$、$h_{u_j}$ 表示知识元中的名称;t_{u_i}、t_{u_j} 表示知识元中的主题词集合;p_{u_i}、p_{u_j} 表示知识元中的情感倾向;$k_{w_{u_i}}$、$k_{w_{u_j}}$ 表示知识元中的关键词集合;$k_{s_{u_i}}$、$k_{s_{u_j}}$ 表示知识元中的关键句;Sim_J 表示基于集合概念的 Jaccard 相似度;Sim_B 表示基于 BLEU 的语句相似度;Sim_P 表示情感倾向的相似度。

① 基于集合概念的 Jaccard 相似度 Sim_J。Sim_J 表示基于集合概念的 Jaccard 相似度,其思想是使用两个集合交集的总数除以两个集合并集的总数,得到两个集合的相似度,其公式为:

$$Sim_J(A, B) = \frac{|A \cap B|}{|A \cup B|} = \frac{|A \cap B|}{|A| + |B| - |A \cap B|} \quad (6.9)$$

其中 A、B 表示两个集合。根据公式可知,当 A、B 集合完全相同时,$Sim_J(A, B)$ 的值为1,完全不同时其值为0。

② 基于改进的 BLEU 模型的语句相似度 Sim_B。Sim_B 相似度的计算方法来源于 BLEU 模型。BLEU 原本是用于衡量机器翻译文本与参考文本之间相似程度的指标,是一种有向的相似度指标,取值范围在0至1之间,取值越靠近1表示机器翻译效果越好。随着机器学习技术与自然语言处理技术的不断发展,BLEU 模型的使用范围与计算方法也随之产生变化,现在也可用于语句相似

度的计算。最早的 BLEU 模型仅仅考虑了文本中的词频,并依据词频构建词典,采用基于集合的 Jaccard 相似度方法进行计算。然而,当两个文本包含较多日常用语或有个别词语频繁出现时,由于频繁出现的词汇占比较高,计算得到的相似度也较高,但两个文本的实际语义未必相似。因此,使用基于集合概念的相似度方法计算语句相似度时,由于没有考虑词与词之间的关联性,难以准确地计算出语句相似度。为了改善 BLEU 模型的上述缺点,本模型引入了 n-gram 的思想。原有的 BLEU 模型是以单个词语为最小单位进行计算,改进的 BLEU 模型将多个词语组合起来作为最小单位。由于组合词语的个数可以为 0 到 n 之间的整数,因此选取不同的组合长度会产生不同的 Jaccard 相似度,还需将各种长度组合词所对应的相似度进行汇总合成。

本书进一步改进 BLEU 模型,原有基于 n-gram 的模型,由于存在参考文本和待检验文本,计算得到的相似度为有向的,可理解为待检验文本是否接近参考文本,即 $Sim(s_1,s_2) \neq Sim(s_2,s_1)$。然而,针对 BLEU 的相似度用途,将其改进为无方向的语句间相似度指标 Sim_B,即 $Sim_B(s_1,s_2) = Sim_B(s_2,s_1)$。

首先,计算长度为 n 的词语组合的语句相似度 Sim_n:

$$Sim_n = \frac{\sum_{k=0}^{K-1} Min(Count_{w_{n_k}}^{s_1}, Count_{w_{n_k}}^{s_2})}{\sum_{k=0}^{K-1} Max(Count_{w_{n_k}}^{s_1}, Count_{w_{n_k}}^{s_2})} \tag{6.10}$$

其中,K 表示语句 s_1 和 s_2 中长度为 n 的词语组合的总个数;k 表示第 k 个词语组合;w_n 表示长度为 n 的词语组合;$Count_{w_{n_k}}^{s_1}$ 表示第 k 个词语组合 w_{n_k} 在语句 s_1 中出现的次数。

然后,汇总长度为 0 到 n 的词语组合的相似度。本书使用加权几何平均数对 n 个语句相似度计算出平均相似度 Sim_{avg}:

$$Sim_{avg} = \sqrt[\sum_{n=0}^{N-1} W_n]{\prod Sim_n^{W_n}} = e^{\ln \sqrt[\sum_{n=0}^{N-1} W_n]{\prod Sim_n^{W_n}}} = e^{\frac{\sum_{n=0}^{N-1} W_n \ln Sim_n}{\sum_{n=0}^{N-1} W_n}} \tag{6.11}$$

公式中,使用了自然对数底的特性对公式进行了化简,其中 W_n 表示 n 长度组合词语的相似度在计算几何平均数时的权重。如果 W_n 的值均设置为 1 时,上述公式可继续化简为:

$$Sim_{avg} = e^{\frac{\sum_{n=0}^{N-1} \ln Sim_n}{N}} \tag{6.12}$$

最后，上述方法在两个句子的长度为一长一短时，长的句子可能全部包含短的句子中的所有词语组合，按照上述公式计算，则会出现相似度较高的情况，与实际语义不符。因此，需要对上述公式添加句长惩罚因子：

$$\phi = \begin{cases} e^{1-\frac{len(s_1)}{len(s_2)}}, & len(s_1) > len(s_2) \\ 1, & len(s_1) = len(s_2) \\ e^{1-\frac{len(s_2)}{len(s_1)}}, & len(s_1) < len(s_2) \end{cases} \quad (6.13)$$

其中，$len(s_1)$表示s_1句子的长度。该因子的作用是当两个句子长度差异越大时，其相似度就越低。因此，Sim_B相似度的计算公式为：

$$Sim_B = \phi \cdot e^{\frac{\sum_{n=0}^{N-1} \ln Sim_n}{N}} \quad (6.14)$$

利用上式计算知识元中的名称以及关键句的相似度，能够较少地丢失词语间顺序的信息，同时化简后的公式能够提高计算速度。

③ 基于序数变量转化的相似度Sim_P。序数变量是指具有顺序含义的类别型变量，通常可以按照一定顺序意义进行排序。在知识元中，主题情感倾向即可归类为序数变量。然而，序数变量需要事先按照顺序含义进行排序。本书中规定，知识元的情感倾向越正面，其变量值越大，因此需要对于原有情感倾向的变量值进行转化，使0表述负面情感，1表示中性情感，2表示正面情感。在转化完成后按照下述公式计算：

$$Sim_P = 1 - \frac{|p_i - p_j|}{n-1} \quad (6.15)$$

其中，p_i、p_j分别表示知识元i、j的情感倾向变量；n表示情感倾向变量的类别数。

(2) 基于知识元相似度聚类的知识方案生成模型

根据公式6.8能够计算得到任意两个知识元之间的相似度，因此可以将知识需求所匹配的知识元集合U_S中的每个知识元u_i作为节点，将知识元之间的相似度$Sim(u_i, u_j)$作为边，构建无向图模型G_S。构建该图模型的目的是使用图聚类算法对知识元进行聚类，从而将聚类结果中的每个簇作为知识方案。

由于知识需求数量众多,其对应的不同知识元集合 U_S 中的知识元数量不一,知识元间的相似程度也远疏不一,依靠人工经验一一设置每个知识元集合 U_S 的聚类目标数量,难以保障计算的准确性和高效性。此外,通过对知识元聚类生成知识方案的方法,对聚类结果的有效性和准确性要求较高,需要强调聚类结果的聚类算法。

本书将采用近邻传播(AP)算法进行聚类[81],相比其他常用的聚类算法,例如 K-means 等,具有鲁棒性高、准确性强等特点。此外,AP 算法将每一个样本都视为潜在的聚类中心,并通过不断迭代筛选出高质量的聚类中心,因此能够自动确定合适的聚类数量,不需要事先确定聚类的数量。然而 AP 算法的缺点是算法的时间复杂度较高,为 $O(N^2T)$,其中 N 为样本数量,T 为迭代次数,因此只适合于中等规模的数据集。由于本书中的聚类对象知识元集合 U_S,其中的数据是通过知识需求匹配得到的,所以集合 U_S 中的元素数量有限,AP 算法的缺点在本场景中并不凸显。综上所述,针对基于知识元相似度聚类的方案生成场景,AP 算法是一种合适的聚类方法。

AP 算法的主要思想为:将每个样本作为图模型中的节点,将相似度做节点之间的边,然后通过计算图模型中各条边的指标,将指标传递出来,从而计算的聚类中心。传递出的指标包括两种,分别是"中心度"(responsibility)和"依附度"(availability),其中"中心度"$r(i,j)$ 表示节点 j 是节点 i 聚类中心的累积可能性,"依附度"$a(i,j)$ 表示节点 j 选择节点 i 作为其聚类中心的累积可能性。AP 算法通过迭代过程不断更新每一个节点的"中心度"和"依附度",直到产生高质量的聚类中心,同时将其余的样本分配到相应的聚类簇中。

AP 算法中的"中心度"$r(i,j)$ 的计算公式为:

$$r(i,j) \leftarrow Sim(i,j) - \max\{a(i,j') + Sim(i,j')\} \quad \forall j' \neq j \qquad (6.16)$$

其中,$\leftarrow$ 表示算法迭代中的传递;$Sim(i,j)$ 表示节点 i、j 之间的相似度;j' 为任一不是 j 的节点;$a(i,j')$ 表示节点 i、j' 之间的"依附度"。$a(i,j)$"依附度"的计算公式为:

$$a(i,j) \leftarrow \min\{0, r(j,j) + \sum_{i' \notin \{i,j\}} r(i',j)\} \qquad (6.17)$$

其中,i' 为不是 i、j 的其他节点;$\sum_{i' \notin \{i,j\}} r(i',j)$ 表示所有不是 i、j 节点的其他节点的"中心度"之和。

AP算法利用公式6.16和公式6.17,对样本进行迭代直至收敛,其具体算法流程如算法6.2所示:

算法6.2　AP算法流程

1. 初始化中心度矩阵R、依附度矩阵A为0矩阵,即所有两两节点间的中心度与依附度均为0;
2. 更新中心度矩阵R,矩阵R中的元素$r_{t+1}(i,j)$在$t+1$轮迭代时的值:
$$r_{t+1}(i,j) = Sim(i,j) - \max\{a_t(i,j') + Sim(i,j')\} \quad \forall j' \neq j \quad (6.18)$$
3. 更新依附度矩阵A,矩阵A中的元素$a_{t+1}(i,j)$在$t+1$轮迭代时的值:
$$a_{t+1}(i,j) = \min\{0, r_{t+1}(j,j) + \sum_{i' \notin \{i,j\}} r_{t+1}(i',j)\} \quad (6.19)$$
4. 为了避免数值在t轮迭代与$t+1$轮迭代之间发生大幅震荡,引入阻尼因子λ处理中心度与依附度:
$$r_{t+1}(i,j) = \lambda \cdot r_t(i,j) + (1-\lambda) \cdot r_{t+1}(i,j) \quad (6.20)$$
$$a_{t+1}(i,j) = \lambda \cdot a_t(i,j) + (1-\lambda) \cdot a_{t+1}(i,j) \quad (6.21)$$
5. 重复迭代步骤2、3、4,直至中心度矩阵R、依附度矩阵A不再变化,或达到最大迭代次数T;
6. 最后,选择中心度$r(i,j)$与依附度$a(i,j)$之和大于阈值p的j节点作为聚类中心,阈值p的取值一般选择所有节点相似度的中位数。

通过上述AP算法对知识元集合U_s中的知识元进行聚类,聚类结果包含若干个聚类簇,每个簇即为一个对应知识需求的知识方案S。

6.2.2.3　生成知识结论

知识结论是指从知识方案S中提取得到的具有概括性的信息和语句,这些信息能够较为清晰地表达整个知识方案中的主旨大意,是对知识方案中所有的知识元所囊括知识的总结。用户只通过阅读知识结论,就能够了解知识方案的知识精髓。因此,本书根据知识元的结构,将知识结论C的组织结构定义为<情感指数p,关键词k_w,结论句s>。

（1）情感指数p计算方法

每个知识元中的情感倾向在相似度计算时,已转化为序数变量,即0表述负面情感,1表示中性情感,2表示正面情感,变量数值越大表示感情的正面倾向越高。因此,在该场景中,只需计算知识方案中所有知识元情感倾向变量的算术平均值,即可获取知识结论的情感指数p,计算公式为:

$$p = \frac{1}{n} \cdot \sum_{i=0}^{n} p_i \qquad (6.22)$$

其中，n 表示知识方案中知识元的个数。

（2）基于加权词频重要度的关键词 k_w 抽取方法

知识结论中的关键词 k_w 应能够体现知识方案的准确性和全面性，其关键词的来源也不一定限制在原有知识元中的关键词，只要能够代表知识方案的意义，知识元中的任一元素的任一词语都能够成为知识结论中的关键词 k_w。因此，首先需要对所有在知识方案中出现的词汇合并与去重，并剔除停用词与无意义词语，形成关键词候选词典 D。此外，还需考虑知识元中的各个元素中词语出现的频率，且在不同元素中词频的权重也不尽相同，例如在主题词、关键词中出现的词语，已经能在一定程度上代表帖子大意，因此其重要度应高于该单词在其他元素中出现的重要度。最后，词语在知识元中出现的广度也应考虑进来，例如当一个词语同时出现在标题、关键词、关键句三个元素中时，其重要度大大提升。因此，本书定义单词 m 的加权词频重要度的通用公式为：

$$importance_m = \sum_{i=0}^{n}(w_h f_h + w_t f_t + w_w f_w + w_s f_s) \cdot \log_2(K+1) \qquad (6.23)$$

其中，该知识方案中共有 n 个知识元，i 表示第 i 个知识元；f_h、f_t、f_w、f_s 分别为知识元中该词语在标题 h、主题词 t、关键词 w、关键句 s 中的词频；w_h、w_t、w_w、w_s 分别表示各元素中词频的权重；K 表示该词语在知识元的 K 个元素中出现过。

由第 5 章内容可知，本书中知识元中的主题词是由 LDA 算法获得，关键词是通过改进的 TextRank 算法计算获得，因此在这两个元素中的词语词频都为 1。此外将标题词频权重 w_h 与 w_s 的权重设置为 1，公式 6.23 可化简为：

$$importance_m = \sum_{i=0}^{n}(f_h + w_t + w_w + f_s) \cdot \log_2(K+1) \qquad (6.24)$$

其中 w_t、w_w 的值应大于 1。

根据公式 6.24，计算候选词典 D 中每个词语的重要度，将重要度最高的 $TopN$ 个词汇作为知识结论中的关键词 k_w。

(3) 基于关键句抽取技术的结论 s 生成方法

从知识方案 S 中生成知识结论中的结论 s,使用的主要方法可以归类于"关键句抽取技术",或称为"自动摘要技术"。生成的知识结论是用户可直接理解的关键信息,包括结论信息和结论句。生成结论句是获取知识结论中的难点。生成结论句的方法可以分为两种:一是"抽取式"方法,即使用原文中的句子,评价原文中每个句子的重要性,然后对重要性高的句子进行组合,从而获取结论句;二是"生成式"方法,即需要通过算法理解原文中的语义内容,然后利用算法自动生成若干个能够概括主旨大意的句子,并非直接使用原文中的句子,最后合理地对生成的句子进行组装,从而得到结论句。

由于"生成式"的方法需要理解语句的语义,且在生成时能够使用任意词汇,不受原文语句和词汇的限制,理论上该方法能够获取更加准确且简练的结论句。然而,通过算法自动生成"通顺"且"可理解"的结论句较为复杂,现有的主流方法是通过深度学习 Seq2Seq 模型,包括 RNN、LSTM、基于注意力(Attention)机制的 Transformer 等模型,其原理是构建端对端的深度神经网络,模型输入是文本原文内容,输出是文本内容所对应的结论句,模型内部包括编码器-解码器(Encoder-Decoder)结构以及用于筛选特征的若干层隐藏层,通过大规模的样本数据集进行训练,学习模型中的参数,从而实现结论句的生成。构建准确、有效的 Seq2Seq 模型,有三个必要条件:一是设计出合理高效的模型结构;二是需要有大规模、高质量的标注数据用于模型训练;三是需要拥有强大的运算能力进行模型训练,三者缺一不可。然而,探索理想的模型结构是建立在高质量的数据集与多次实验分析的基础之上的,对样本数据进行高质量的标注需要大量的人力成本,多次训练所需要的算力成本也十分昂贵。此外,专业社交媒体中的内容随着时间变化幅度较大,深度学习模型的迁移成本也巨大。因此,在人力与物力有限的情况下,现有"生成式"方法的效果难以令人满意。

在当期的技术发展阶段中,"抽取式"方法更加成熟,虽然受到原文的限制,但相比构建深度学习模型所需的资源,抽取式方法不失为一种有效的方法。TextRank 是一种主流的自动摘要算法,其思想是采用投票机制对文本单元进行排序,具体算法已在 4.3.4 部分中描述,在此不再赘述。因此,本书仍将采用投票的思想,结合获取的知识结论中的关键词 k_w,计算知识方案中所有知识元中每个句子的重要度 $importance_{st}$,即所有知识元的标题和关键句所包含句子的重要度,从而筛选出重要度高的句子形成结论句。每个句子的重要度由两部分组成,第一部分是该句子与知识方案中其他所有句子的平均相似度,本书采用公式 6.14 计算两两句子相似度 Sim_B;第二部分为该句子包含所有在知识结论中的关键词 k_w 中词汇的占比,其公式为:

$$importance_{st} = \frac{1}{c-1} \cdot \sum_{j,\,j' \in S,\, j \neq j'} Sim_B(j, j') + \frac{1}{w} \cdot \sum_{k_i \in k_w} f_{k_i} \quad (6.25)$$

其中,S 表示知识方案中所有知识元的句子集合,c 表示 S 中的句子数量,j' 表示 S 中任一不是句子 j 的句子;k_i 表示知识结论中的关键词 k_w 中的一个关键词,f_{k_i} 表示关键词 k_i 在句子中出现的频次,w 表示句子 j 的长度,即所包含的词语数量。需要特别注意的是,由于专业社交媒体中的句子多为短句,且标点符号的使用大多不规范,因此在分句时将中英文的"逗号""分号"、连续的空格以及换行符都作为句子的分隔符。

根据公式 6.25 得到知识方案中的每个句子的重要度,并按照重要度倒序排列,将重要度最高的 $TopN$ 个句子作为知识结论中的结论句 s。

6.2.3 知识检索与匹配的应用流程构建

用户是知识使用的主体,知识检索与匹配的最终目的是服务用户,因此,完整的知识检索与匹配流程还应将用户引入进来。

完整的知识检索与匹配流程,对于客户来说是一种高级的搜索过程,是一个重要的、高频的应用场景。专业社交媒体中,传统的搜索方式是通过精确匹配或模糊匹配关键词的方法,将专业社交媒体中匹配度较高的原文内容筛选出来,并按照网页排名(PageRank)的重要度从高到低进行排序,直接将匹配度和重要度较高的原文内容展示给用户。用户在专业社交媒体中,使用传统搜索方法所得到的搜索结果,其内容重复率高,经常出现相同内容的帖子在不同的地方或账号重复发表;且结果内容分布也比较杂乱、不纯净,常常会出现一些不相关或无用的内容,不纯净、主旨不一的内容混杂在一起,主旨相似的内容却散落在整个搜索结果中。因此,用户需要额外的时间和精力对搜索结果进行分析、筛选和总结,使得搜索的效率和价值十分低下。

然而,站在用户的应用角度出发,将专业社交媒体中的知识检索与匹配方法引入用户搜索过程中,能够提高用户获取知识的效率,降低用户搜索知识的成本。其原因是，完整的知识检索与匹配流程通过引入围绕主题的思想、构建知识组织结构、设计知识挖掘算法等方式，抽取出专业社交媒体中的知识，并对知识层次化、网络化、结构化，然后将用户需要的知识，高效、清晰、全面、结构化地呈现出来。用户通过知识检索与匹配搜索知识，减少了对搜索结果二次处理的时间，从而提高了搜索效率与搜索结果的有效性。

此外，通过知识检索与匹配流程进行搜索，能够体现本书所构建的专业知识媒体的主题图谱、知识元等知识组织的应用价值。所以，对该应用场景进行实践，能够对本书的工作进行检验，同时体现专业社交媒体用户知识系统建模的应用价值。

图6.7展示了引入用户的知识检索与匹配流程图。

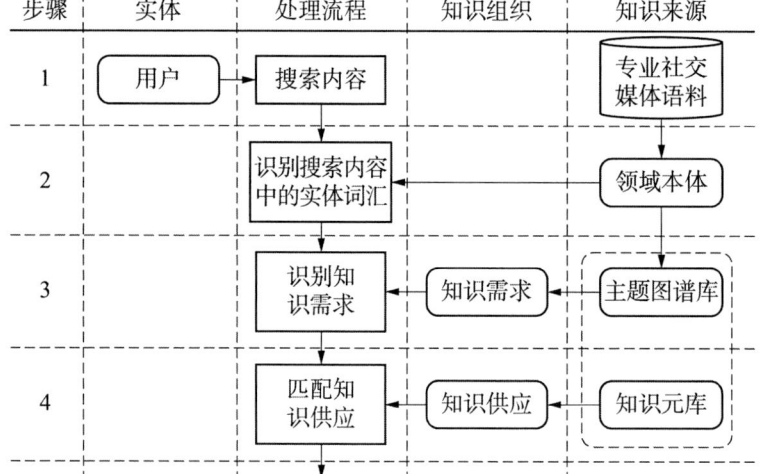

图6.7 引入用户的知识检索与匹配流程

具体步骤如下：

（1）用户输入搜索内容。用户在搜索框中输入自己想要的相关专业知识的关键词或关键句。如果用户输入的是关键句，需要先对关键句进行分词处理，将关键句转化为关键词。

（2）识别搜索内容中的实体词汇。识别用户是否想了解特定类别、特定型号、特定功能等指定实体的相关知识，例如在汽车之家论坛中出现的特定汽车品牌或特定品牌的车型。本书将通过专业社交媒体中的领域本体词典识别关键词中是否存在特定的实体。

（3）识别知识需求。通过用户输入的关键词，识别用户真正的或潜在的知识需求。结合6.2.1节中构建的知识需求，首先通过Word2vec方法计算关键词与所有知识需求中主题词的相似度，选择相似度最高的N个知识需求进行下一步匹配。

（4）匹配知识供应。通过6.2.2节中描述的方法，从而得到与知识需求相应的知识供应。

（5）用户获取所需知识。将步骤（3）和步骤（4）中获得的知识需求与知识供应作为搜索结果，按照其自有的知识组织结构展示出来，方便用户对结果进行阅读与分析。

6.3 汽车之家论坛中的知识检索与匹配实验

本节将按照6.2节中介绍的知识检索与匹配方法，以汽车之家论坛为例，开展专业社交媒体用户知识系统中的知识检索与匹配实验。实验通过模拟用户搜索，按照6.2.3节中知识匹配流程的各步骤展开，并对实验中的所有中间结果进行展示与说明，从而对6.2.1、6.2.2节中的主题知识检索与匹配方法进行验证，同时展示结果示例，说明方法的有效性。

6.3.1 用户输入搜索内容

本次实验模拟用户搜索的关键词为"M""异响"。用户的需求是通过输入所需专业知识的关键字，获取围绕特定实体与主题的、全面的、清晰的、结构化的专业知识。因此，通过主题知识匹配，用户应得到与"M"车型、与主题"异响"相关的主题知识，并且主题知识应按照"知识需求"与"知识供应"各自的知识组织结构层层展示出来。

6.3.2 识别搜索内容中的汽车实体词汇

为了识别汽车之家论坛中用户讨论的对象实体,本书首先建立了汽车之家论坛中包含绝大多数汽车品牌、汽车制造厂商与车型的实体词典,其中包括150个汽车品牌、与各品牌331家汽车生产厂商以及与各汽车生产厂商相对应的1 620个车系,该实体词典的示意图如图6.8所示。

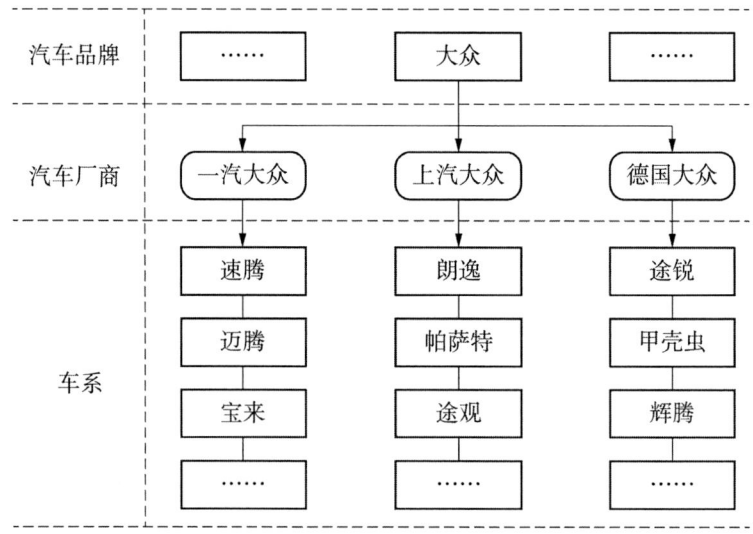

图6.8 汽车之家论坛中的实体词典示意图

通过上述构建的汽车实体词典,可以对用户输入的关键词进行处理,识别出用户关心的特定汽车实体,然后将与该实体相关的语料筛选出来,作为进一步提炼专业知识的原料。汽车实体词典中的最细粒度为车系,因此本实验将语料按照车系论坛进行划分,然后按照车系论坛进行合并。例如,用户输入的关键词包含"一汽D",则将"速腾论坛""M论坛""宝来论坛"等所有一汽D下车系论坛中的语料进行聚合,将其作为知识检索与匹配的原料。

在本实验中,模拟用户输入的关键词"M""异响",通过汽车实体词典可识别出"M"车型,因此将"M"作为实体进行研究,并圈定"M论坛"中的语料内容,包含28 738篇主题帖子以及293 633篇回帖或评论,共计322 371条语料。

6.3.3 识别知识需求

6.3.3.1 生成主题组合

本实验中模拟用户输入关键词"M""异响",其中"M"被识别为汽车实体后,剩余的关键词"异响"用于匹配知识需求。遍历本书4.3.4节中所生成主题图谱的一级主题,获得相似度最高的一级主题为"异响、刹车",该主题共包含30个主题词,按照6.2.1.1节中的方法,设置每个主题需求中的主题词个数$M=2$,可生成备选主题组合,其中备选主题组合的个数为C_{30}^2,即435个,生成的前10个备选主题组合如表6.1所示。

表6.1 主题"异响、刹车"所对应的备选主题组合

序号	备选主题组合	序号	备选主题组合
1	异响、声音	7	异响、抖动
2	异响、红绿灯	8	异响、启动
3	异响、振动	9	异响、刹车
4	异响、空挡	10	异响、问题
5	异响、响声	……	……
6	异响、油门	共计435个	……

6.3.3.2 筛选用户问题帖

用户问题帖的筛选,按照6.2.1.2节中的方法,首先需要在汽车之家论坛语料库的全局语料中,挑选出问答帖进行LSTM模型的训练。本实验选取了"汽车之家"问答区中的5000篇答帖以及论坛主板块5000篇非问答帖子的标题作为训练数据集,采用1000篇答帖和1000篇非问答帖子作为验证数据集,最终采用28738篇"M"论坛中的帖子作为测试数据集进行测试。表6.2展示了训练数据集中的样本示例,其中帖子标题是模型输入的内容,是否为问答帖为模型的目标变量,即模型的输出结果。

表6.2 训练数据集中的样本示例

帖子标题	是否为问答帖
一启动车颤抖是怎么回事?	1
请问新车刹车盘就生锈了正常吗?11月份的车	1
请教各位大哥新车上路跑高速1500公里对车有影响吗?	1
今天终于把车提了330领先,说说感受吧	0
车子是给老婆买的,为了回帖有说服力认证一下!	0
闲来无事放放毒,改装氛围灯加装17寸轮毂	0
……	……

上述模型通过训练,在验证数据集中的准确率达到了96.1%,具体识别情况如表6.3所示,可知其实现了良好的分类效果。

表6.3 LSTM模型在验证集上的混淆矩阵

频数		预测值		合计
		0	1	
实际值	0	969	47	1 016
	1	31	953	984
合计		1 000	1 000	2 000

将"M"论坛中的28 738篇帖子的标题文本输入该模型中,最终识别出8 165篇问答帖,这些问答帖将为后续知识需求支持度测度提供"原材料"。

6.3.3.3 知识需求支持度测度

在通过LSTM模型识别得到的8 165篇问答帖中,使用"异响"关键字进行筛选,得到702篇包含"异响"关键字的问答帖。然后按照6.2.1.3节中的方法,首先使用所得的702篇问答帖构建FP-Tree模型。为了减少文章篇幅,简单明了地说明知识需求生成的中间过程,将原始数据量缩减至约1/100规模(原702篇→7篇),即使用7篇帖子对知识需求支持度测度的过程进行说明。然后,对这些问答帖标题文本进行分词处理,并使用汽车主题图谱中的主题词词典对标题的词语进行过滤,删除无意义、不相关的词语。接着统计所有问答帖中剩余专业词汇的词频,按照得到的词频倒序排列。选用的 7 篇帖子以及分词、过滤排序后的结果如表 6.4 所示。

表 6.4　选用的问答帖内容与分词处理后的结果

序号	问答帖标题	分词、过滤、排序后
1	M 前轮有异响……急急急!!	异响　前轮
2	颠簸时底盘现异响??	异响　颠簸　底盘
3	怎么经常起步放掉刹车有异响?	异响　刹车　起步　放掉
4	求助!求助!刚提的新车,过颠簸路段的时候前轮异响?	异响　前轮　颠簸　求助　路段　新车
5	打转向行驶前轮有异响的问题	异响　前轮　转向　行驶　问题
6	求助原地和低速转向在驾驶室听到咚咚咚异响	异响　求助　转向　低速　驾驶室　原地
7	关于异响,每次刹车到快停止的过程中都有"突突"声音	异响　刹车　停止　过程　声音
……	……	……

表 6.5 展示了问答帖中专业词汇的词频统计与排序。

表 6.5　问答帖中专业词汇的词频统计与排序

主题词	出现次数	主题词	出现次数
异响	7	驾驶室	1
前轮	3	路段	1
刹车	2	起步	1
转向	2	问题	1
颠簸	2	新车	1
求助	2	原地	1
底盘	1	停止	1
低速	1	过程	1
行驶	1	声音	1

使用表6.4与表6.5中的内容，按照6.2.1.3节中的步骤构建所选问答帖中词汇的FP-Tree，结果如图6.9所示。

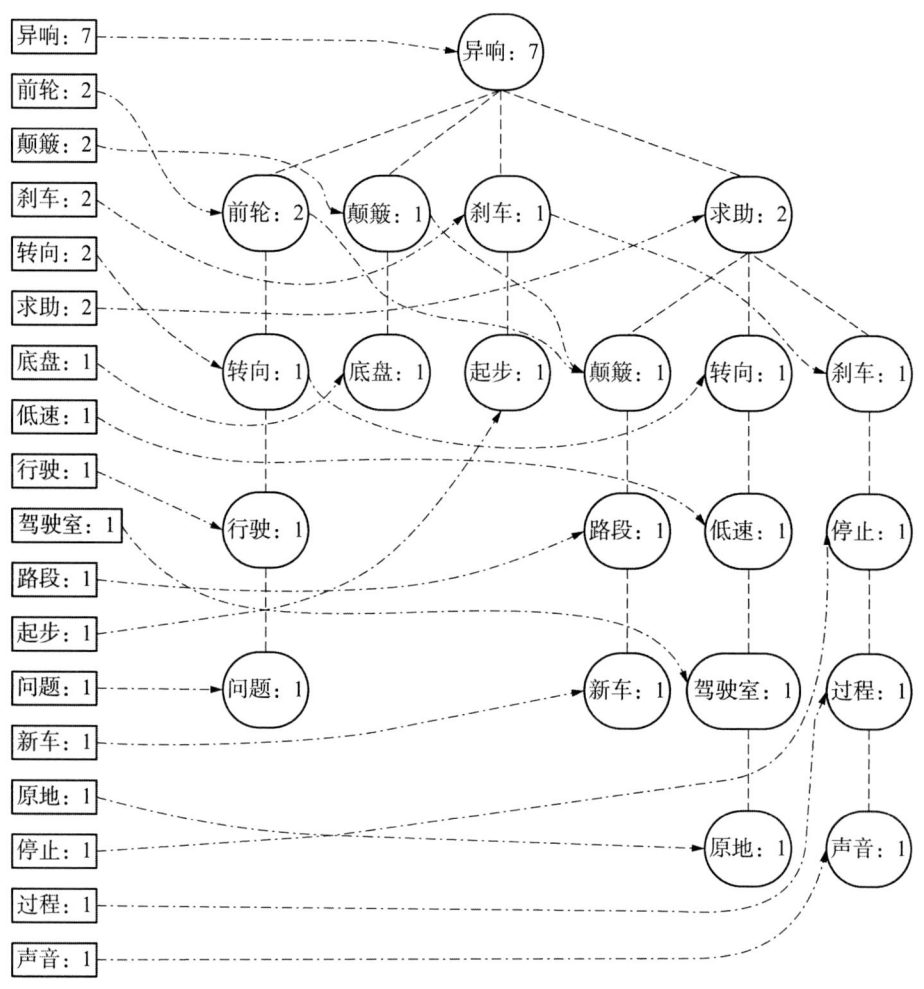

图6.9 答帖中词汇的FP-Tree

图6.9中左侧是表6.5中按照词频排序的词语列表，图中从上到下的连接线表示主题词组合中不同词汇出现在同一帖子中的连接，从左到右的连接线表示同一主题词在不同帖子中的连接。

对表6.1中的备选主题组合遍历时，对每个主题组合中的每个词语，先从上到下检索该词语，然后再从左向右检索该词语，循环迭代，便可快速获得该备选主题组合在所有702篇问答帖标题中的支持度s。将支持度高的备选主题组合，作为知识需求中的子主题组合 t_{set},然后按照知识需求的结构进行整理,形成知识需求。通过"M""异响"关键词获取的知识需求见表6.6中的内容。

表6.6 通过"M""异响"关键词获取的知识需求

序号	知识主题 t	子主题组合 t_{set}	支持度 s	需求问题集q_{set}(帖子序号)
1	异响、刹车	异响、前轮	0.429	1、4、5
2	异响、刹车	异响、颠簸	0.286	2、4
3	异响、刹车	异响、刹车	0.286	3、7
4	异响、刹车	异响、转向	0.286	5、6
……	……	……	……	……

6.3.4 匹配知识供应

6.3.4.1 匹配知识元

在获取与"M""异响"关键词相符合的知识需求后,需要为其中的每个知识需求匹配相应的知识供应。按照6.2.2.1节中的方法为每个知识需求匹配相关的知识元。

本书使用5.2节中训练得到的Word2vec模型结果,设置相似度的阈值 $threshold = 0.6$,将高于该相似度的词语纳入同义词、近义词映射关系表中,该关系映射表的部分结果如表6.7所示。

表6.7 部分同义词或近义词映射关系表

序号	同义词、近义词	相似度	序号	同义词、近义词	相似度
1	发动机、发送机	0.724	2	发动机、引擎	0.630
3	车灯、行灯	0.812	4	车灯、大灯	0.779
5	暖风、暖气	0.877	6	暖风、热风	0.852
7	变速箱、波箱	0.873	8	变速箱、变速器	0.821
9	车身、车体	0.698	10	倒车镜、反光镜	0.935
……	……			……	

使用4.3节中生成的扩充的本体词汇表,构建该表中词汇在知识元库中的倒排索引。然后基于生成的倒排索引,按照为知识需求匹配知识元的方法,从大量的知识元中筛选出匹配度高的知识元。此处使用的知识元库是本书第5章中的最终生成的知识元集合所在的数据库。知识需求与知识元的匹配度 MD 见表6.8,匹配度 MD 由公式6.7计算得到,该表中展示了支持度高于2的知识元,这些所展示的知识元将作为示例,用于后续知识方案和知识结论的生成说明,后续知识元均使用表6.8中的序号进行表示。

表 6.8 知识需求的知识元匹配结果展示

序号	知识需求	知识元帖子标题	主题	情感倾向	知识元关键词	知识元关键句	支持度
1	异响、前轮	M 方向打死之后拐弯右前轮异响抖动	故障、异常与维修	负面	异响、打死、前轮、抖动	M 方向打死之后拐弯右前轮异响抖动	6
2	异响、前轮	M 你到底怎么了?前轮异响特别严重,B8 车主实测反馈	故障、异常与维修	负面	异响、天冷、刹车片、摩擦	前轮异响!每天冷启动行驶的时候两只前轮就像没刹车片一样,"吱吱吱"金属刺耳声,就像两块金属摩擦的声音,特别大,关着窗户都能听到,行驶过程中一直存在	5
3	异响、前轮	新车早晨启动汽车前轮异响,10秒以后消失	故障、异常与维修	负面	异响、天冷、启动、前轮	最近也不知道是天冷还是怎么的,每天早晨从车库里面启动,挂 D 档以后,就感觉车的前轮一直"突突突"地响,然后抖动不怎么走道,大约不到 10 秒钟就好了	5
4	异响、前轮	底盘异响!烦死了……	故障、异常与维修	负面	异响、底盘、前轮、不平	过一些稍微不平的路面就感觉车底嘀嘀嗒嗒的响声,就像散架似的,我感觉是前轮附近,请问大神一般底盘异响是哪里的毛病?	5

续表

序号	知识需求	知识元帖子标题	主题	情感倾向	知识元关键词	知识元关键句	支持度
5	异响、前轮	16款M1.8T舒适提车刚好满两个月,异响好烦	故障、异常与维修	负面	异响、打死、前轮、低速	我开了大半年,没什么异响,就是有时候低速打方向盘(打死),感觉前轮"咕噜咕噜"地响	5
6	异响、前轮	M吱吱的异响	故障、异常与维修	负面	异响、前轮、速度、天冷	刚起步低速行走时,听到"吱吱吱"的声音,像电瓶车减震弹簧那种声音,方向好像在右前轮处,但是速度提上去以后就没有了,天冷和不平的路会严重些,有时候右转弯会严重些	4
7	异响、前轮	前轮支臂胶套过不平路坑包咯吱响有遇到的吗	故障、异常与维修	负面	异响、前轮、支臂、底盘	右前轮底盘异响,"吱呀吱呀+咕噜咕噜"	4
8	异响、前轮	汽车跑偏问题,求解	故障、异常与维修	负面	底盘、颠簸、异响、前轮	但是加油向右跑,收油向左跑,感觉底盘松散,低速过颠簸路面底盘"咯咯咯"地异响	3
9	异响、前轮	低速时打方向有嗒嗒的一声!!4S店查不出来啊!	故障、异常与维修	中性	异响、方向盘、打死、前轮	检查一下脚垫与方向盘传动轴有没有磨的地方,或者将方向盘左右打死,检查前轮内侧的发动机侧护板没有有磨的地方	3
10	异响、前轮	2013的M,右前轮始终有异响	故障、异常与维修	中性	异响、前轮、刹车片、打磨、刹车、解决	就刹车片里面有金属硬点,行驶时车刹车盘产生摩擦,产生的声音,最简单办法就行驶时,使劲踩刹车,把刹车片中的那金属硬点磨掉点就好了,如果你舍不得踩刹车,就去店里拆下刹车片,打磨好了,重新装上问题就解决了	2
...	......	......	......	......	......	......	......

6.3.4.2 知识方案展示

在为知识需求"异响、前轮"匹配到表6.8中的知识元之后,按照6.2.2.2节中的方法,使用这些知识元生成知识方案。

计算这些知识元之间的相似度,设置知识元相似度模型中知识元标题、主题、情感倾向、关键词、关键句的相似度权重值,其分别为 $w_h=0.3$、$w_t=0.1$、$w_p=0.1$、$w_{k_w}=0.2$、$w_{k_s}=0.3$,其中主题相似度与情感相似度由于其内容长度较短,计算所得的相似度数值自身较大,为了减少其对总体相似度的影响,为这两项设置较低的相似度权重。表6.9展示了编号为1的知识元与匹配得到的各知识元之间的相似度计算结果,包括知识元之间的各细分项相似度以及总相似度。

表6.9 知识元1与各知识元之间的相似度计算结果

帖子序号	项目权重					
	$Sim_B(h_{u_i}, h_{u_j})$ 标题相似度	$Sim_J(t_{u_i}, t_{u_j})$ 主题相似度	$Sim_P(p_{u_i}, p_{u_j})$ 情感相似度	$Sim_J(k_{w_{u_i}}, k_{w_{u_j}})$ 关键词相似度	$Sim_B(k_{s_{u_i}}, k_{s_{u_j}})$ 关键句相似度	$Sim(u_i, u_j)$ 相似度
	0.3	0.1	0.1	0.2	0.3	1
1	1	1	1	1	1	1
2	0.181	1	1	0.142	0.012	0.286
3	0.143	1	1	0.333	0.121	0.346
4	0.111	1	1	0.333	0.036	0.311
5	0.083	1	1	0.6	0.221	0.411
6	0.125	1	1	0.333	0.084	0.329
7	0.071	1	1	0.333	0.074	0.31
8	0	1	1	0.333	0.076	0.289
9	0.083	1	0.5	0.6	0.189	0.352
10	0.2	1	0.5	0	0	0.21
……	……	……	……	……	……	……

根据表6.9可知,知识元1与知识元5和知识元9的相似度较高,通过聚类

第6章 用户知识系统的知识检索与匹配建模

的方法将相似度高的知识元聚在一起,从而形成知识方案。表6.10展示了各知识元之间的相似度矩阵,通过矩阵能够通过查表得到任意两个知识元直接的相似度,从而为AP聚类算法中的图模型构建提供基础数据。

表6.10 知识元之间的相似度矩阵

	1	2	3	4	5	6	7	8	9	10	……
1	1										
2	0.286	1									
3	0.346	0.398	1								
4	0.311	0.272	0.267	1							
5	0.411	0.234	0.210	0.302	1						
6	0.329	0.407	0.431	0.268	0.293	1					
7	0.31	0.304	0.328	0.389	0.264	0.322	1				
8	0.289	0.291	0.265	0.437	0.312	0.284	0.358	1			
9	0.352	0.331	0.225	0.241	0.437	0.241	0.271	0.255	1		
10	0.21	0.181	0.207	0.231	0.214	0.196	0.165	0.203	0.173	1	
……											……

按照6.2.2.2节中的基于知识元相似度聚类的知识方案生成模型,使用表6.10中的主题相似度矩阵,按照算法6.2中的流程进行AP聚类,所得结果如图6.10所示。

图6.10中的每个圆点表示一个知识元,圆点的大小表示了该知识元在聚类结果中的中心度的高低。连线展示了各知识元之间的相似度,连线越粗表示该相似度越高,反之相反。由该图可知,表6.10中的10个知识元可以分为4个团簇,如图6.10中的虚线圆圈所示,1、5、9为第一个团簇,2、3、6为第二个团簇,4、7、8为第三个团簇,10单独为第四个团簇。每个团簇中的知识元集合即为一个知识方案。

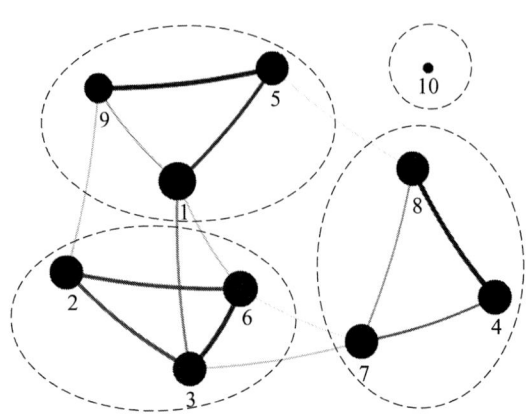

图 6.10 基于 AP 聚类算法的知识元聚类结果

6.3.4.3 知识结论展示

按照 6.2.2.3 节中的知识结论生成方法，对已获得的知识方案进行知识结论抽取。其中，情感指数 p 的计算结果可能为小数，0 表述负面情感，1 表示中性情感，2 表示正面情感，变量数值越大表示感情的正面倾向越高。$TopN = 2$ 关键词。$TopN = 3$ 关键句。表 6.11 展示了各知识方案中的知识结论抽取结果，包括了情感指数 p、关键词 k_w、结论句 s 各项结果。

表 6.11 各知识方案的知识结论展示

知识需求	知识方案序号	知识元序号	知识元标题	情感指数 p	关键词 k_w	结论句 s
异响、前轮	1	1	M 方向打死之后拐弯右前轮异响抖动	0	打死、抖动	M 方向打死之后拐弯右前轮异响抖动；就是有时候低速打方向盘(打死)；或者将方向盘左右打死。
		5	16 款 M1.8T 舒适提车刚好满两个月，异响好烦			
		9	低速时打方向有嗒嗒的一声!! 4S 店查不出来啊！			
	2	2	M 你到底怎么了？前轮异响特别严重，车主实测反馈	0	天冷、启动	每天冷启动行驶的时候两只前轮就像没刹车片一样；

续表

知识需求	知识方案序号	知识元序号	知识元标题	情感指数 p	关键词 k_w	结论句 s
	2	3	新车早晨启动汽车前轮异响,10秒以后消失	0	0	最近也不知道是天冷还是怎么的;天冷和不平的路会严重些。
		6	M吱吱的异响			
	3	4	底盘异响!烦死了……	0.33	底盘、颠簸	请问大神一般底盘异响是哪里的毛病;右前轮底盘异响;低速过颠簸路面底盘咯咯咯的异响。
		7	前轮支臂胶套过不平路坑包咯吱响有遇到的吗			
		8	汽车跑偏问题,求解			
	4	10	2013的M,右前轮始终有异响	1	刹车片、打磨	就刹车片里面有金属硬点;行驶时车刹车盘产生摩擦;使劲踩刹车。

6.3.5 知识检索与匹配应用流程展示

在用户视角将上述所有流程生成的结果串联起来。图6.11按照顺序,展示了用户输入"M、异响"搜索关键词之后,识别搜索内容中的实体词汇、匹配知识供应以及用户获取专业知识各流程的输出结果。该图的上半部分展示了每个流程的名称以及对应的知识组织结构,下半部分展示了用户能够获取的中间结果。图6.11中展示了知识需求"异响、前轮"所对应的知识供应,该知识供应展示了3组知识方案及其相对应的知识结论。

图6.12作为与图6.11的对比,展示了现有汽车之家论坛中的搜索功能,该搜索功能使用了基于关键词匹配的信息检索技术。在"M论坛"的搜索框中输入"异响"关键词,共返回758篇帖子,图6.12展示了排名靠前的部分帖子的标题与摘要。根据图6.12中的搜索结果可知,该搜索功能只能返回标题中包含关键词的原生帖子,并未对搜索结果进行提炼、归类、总结,作为用户只能通过一一

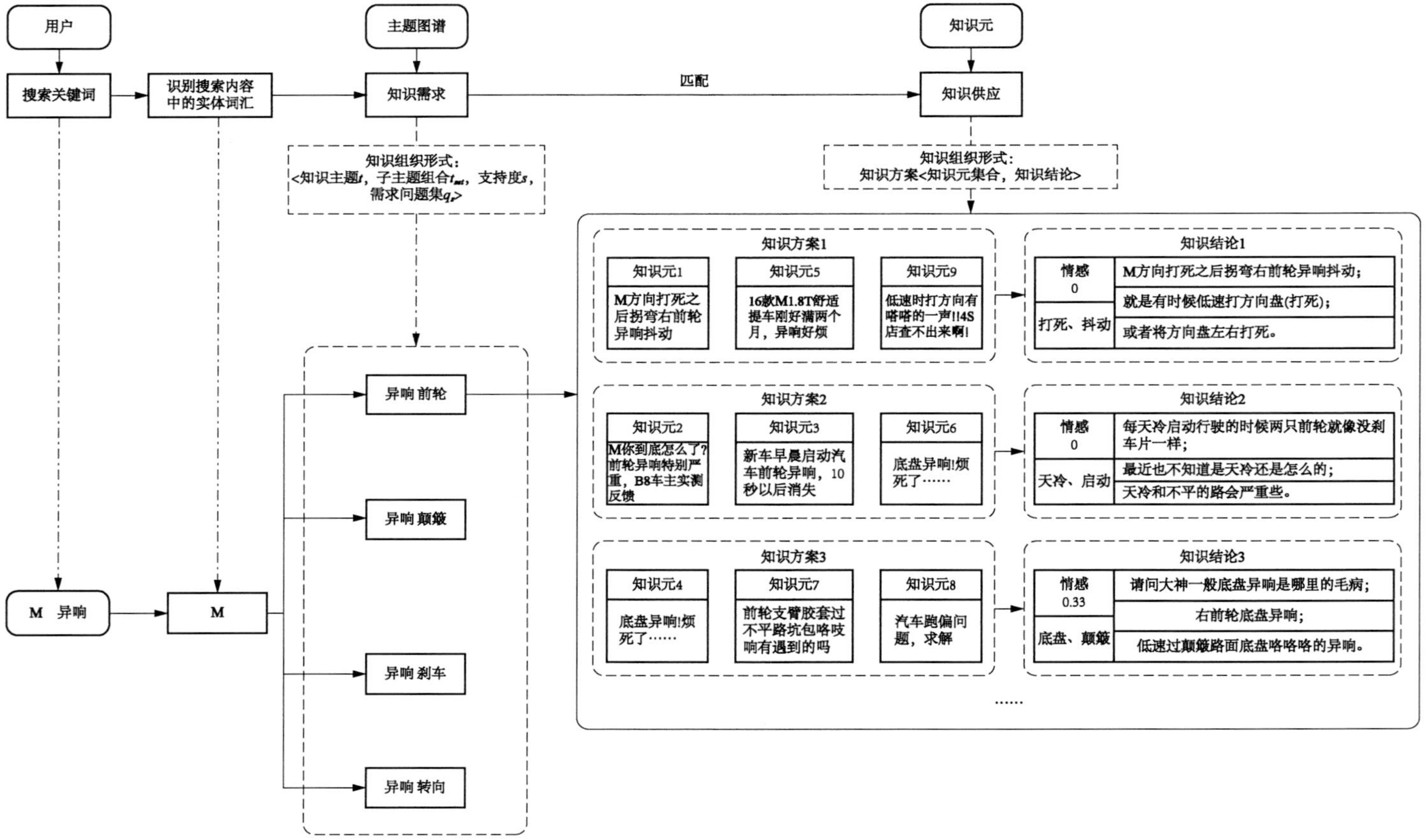

图 6.11 引入用户的主题知识检索与匹配流程展示

第 6 章 用户知识系统的知识检索与匹配建模

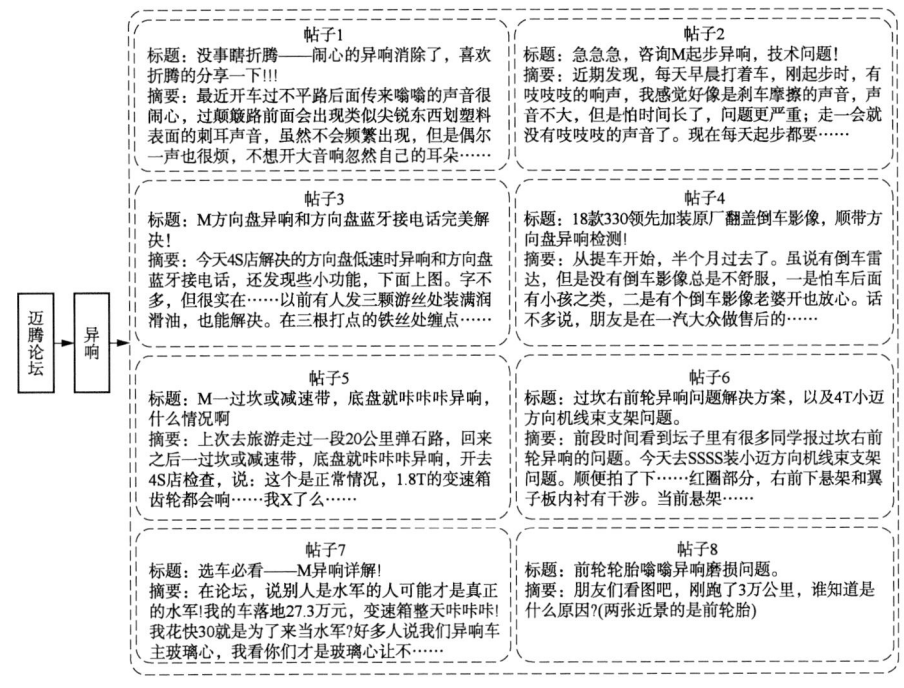

图 6.12 汽车之家 M 论坛搜索"异响"的返回结果

阅读帖子的具体内容以获取其所需的知识或信息。而图 6.11 中相应的搜索结果,通过知识需求以及知识供应中的知识方案与知识结论,形成了集中的、有层次的知识内容,用户能够对返回的知识内容"总览全局",也能够通过知识需求、知识供应、知识方案、知识元的层次链条"顺藤摸瓜",进一步探索感兴趣的内容具体细节。例如,在图 6.11 中,用户能够获取"抖动""颠簸""刹车""转向"等知识需求,然后查看"颠簸"对应的知识方案 2 中的知识元 3 中的具体内容,获取知识元中的"异响、天冷、启动、前轮"关键词等信息。因此,本书中的知识检索与匹配方法,比汽车之家论坛中搜索功能的知识获取效率更高。此外,通过人工对知识检索与匹配方法返回的结果进行合理性验证,随机选取主题图谱中的 100 个关键词进行搜索,并对返回的每一个结果进行人工评判,其中知识需求主题明确、知识供应内容匹配、知识结论清晰且有意义的返回结果数量为 78 个,可知该知识检索与匹配建模具有一定的准确性。

综上,本书提出的专业社交媒体用户知识系统中的知识检索与匹配建模提出了一种有效的、准确的知识获取方法,能够为用户与企业提供分层次、有逻辑的主题知识。

6.4 总结与建议

本书对专业社交媒体用户知识系统中的知识检索与匹配进行建模,提出了知识检索与匹配方法,该方法首先定义了知识需求与知识供应的知识组织结构,然后根据知识需求与知识供应的结构特点,设计了考虑准确度与高效性的构建方法,最后通过模拟用户的实际搜索流程,对整个知识匹配流程进行了示例实验与说明。本书提出的知识检索与匹配方法是一种有效的知识获取方法,能够为用户与企业快速提供分层次、有逻辑、全面且完整的专业知识集合。

第 7 章
未来发展方向

7.1 专业社交媒体中用户知识系统的未来发展方向

本书虽然对专业社交媒体用户知识系统进行了建模,构建了系统建模框架以及各知识管理阶段的知识组织,取得了初步的结果,但依然任重道远,尚有许多有待进一步深入进行的研究工作,这里择其要者讨论如下。

(1) 拓展专业社交媒体用户知识系统中的知识组织与用户功能

专业社交媒体用户知识系统还可以增加更加丰富的知识组织与用户功能。知识组织方面,可以增加多维度的知识图谱,例如专业实体图谱、用户关系图谱等知识组织。新的知识组织能够为系统用户带来新的功能,不仅限于知识检索与匹配,还可提供知识推理、知识个性化推荐、知识问答等功能,从而进一步提升专业社交媒体用户知识系统的应用价值。

(2) 进一步拓展主题图谱中内容的维度

由于专业社交媒体中的内容具有专业性质,主题图谱构建贯穿于专业社交媒体用户知识系统,未来的研究还应进一步完善主题图谱中的内容,使主题图谱能够进一步提升用户知识系统中的运作效率。进一步的研究内容有如下两个方面:首先,在考虑语义相似度与上下文关联度的基础上,添加更多的词语间关系维度,例如词语间的类义关系(同类不同义)、包含关系等,能够丰富主题间的关系,从而更好地满足企业或用户多样的应用需求。其次,在通过聚类算法获取主题间关系时,现有主题图谱的层次结构较浅,具有一定局限性,需要进一步探索合适的方法灵活地构建主题间层次,无须实现定义层次,实现无限层级的主题层次结构。

(3) 丰富知识元中的元素,进一步提升知识元抽取效率

知识元是专业社交媒体用户知识系统中知识的核心内容,在未来的研究中,一方面,应继续丰富知识元中的元素,添加知识元实体、知识实体属性、知识关系等元素;另一方面,在使用有监督的深度学习技术抽取知识元元素时,应融合结合半监督的深度学习方法来抽取关键词句,从而减少人工标注的工作量,并充分使用更大规模的数据量,以提高相应知识元元素的抽取质量。

(4) 通过进一步提升对文本语义的理解,提高知识检索与匹配的质量

知识检索与匹配方法的关键问题在于对用户知识需求与知识供应中内容语义的理解,因此未来的研究方向包括:设计更多有效的维度以抽取知识需求与知识供应,并融合深度学习与自然语言处理技术,使算法进一步理解知识中的语义;基于对知识语义的理解,能够设计更加准确的相似度计算方法,并使用生成式的文本摘要法获取知识结论,最终提升专业社交媒体用户知识系统为用户提供知识的使用价值。

7.2 专业社交媒体中的知识图谱构建

谷歌于2012年提出"知识图谱"的概念,知识图谱是结构化的语义知识库,用于以符号形式描述物理世界中的概念及其相互关系定义,且知识图谱自带语义,蕴涵逻辑含义和规则。因此,构建专业社交媒体中的知识图谱,能够将其中的碎片化、非结构化知识转换为网络化、结构化知识。企业和用户能够通过知识图谱快速检索和获取高质量、动态更新的专业知识。此外,专业领域的知识图谱是企业中智能信息系统的基石。企业中的智能化信息系统,例如智能客服系统、营销决策系统、供应链系统、产品研发知识库等,均需要知识图谱作为其人工智能程序的训练基础。由此,探索适用于专业社交媒体的知识图谱构建方法,是未来具有重要意义的研究方向。

本书对专业社交媒体的知识图谱构建方法研究做出了一定设想,接下来将介绍针对该研究方向的一种可能的研究框架。

7.2.1 构建专业社交媒体知识图谱面临的挑战

利用专业社交媒体中的数据,构建适用于专业社交媒体中的企业与用户的知识图谱,面临三个挑战。

(1) 知识抽取任务的准确性

专业社交媒体中的语料,相比新闻、科研文献、百科词条中的语料,具有特殊性。其语料特点包括专业性强、随意性强、口语化等,因此使用现有主流的知识图谱构建方法、自然语言处理技术,难以保证知识图谱中内容的准确性。本书将以保证知识图谱中知识抽取任务的准确性为目标,针对专业社交媒体中的语料,探索以前沿的深度学习为基础的知识抽取任务方法。

(2) 知识图谱构建过程的时效性

专业社交媒体中的知识会跟随时间流逝而不断进化,知识图谱中的内容也应随之而更新。因此,知识图谱的构建方法也应具备随时间变化的动态进化能力,这就要求知识图谱的构建流程要精简与高效,能够快速处理专业社交媒体中出现的新数据、新概念、新知识,从而保证知识图谱的时效性。本书将以保证知识图谱构建过程的时效性为目标,考虑最大化程度上降低人工参与程度,提升自动化程度,探索以半监督学习模型为主的知识图谱构建方法。

(3) 知识图谱构建结果的专业性

专业社交媒体相比普通社交媒体,拥有更强的专业性,其语料包含更多的专业领域词汇,其用户评论内容包含更多的专业知识点,其内容语义的解读更多地依赖隐形专业知识,即依赖专业领域的背景知识与相关的隐形上下文。因此,本项目将以保证知识图谱构建结果的专业性为目标,充分利用已知的或包含在文本中的专业知识和专业词汇,探索融合专业特征的知识抽取与分类模型。

综上所述,其目标可总结为:以保证知识图谱"知识抽取的准确性""构建过程的时效性""构建结果的专业性"为目标,探索适用于专业社交媒体的知识图谱构建方法,形成完整、合理的知识图谱构建流程,并通过实验的方式证明构建方法的有效性。

7.2.2 构建框架

知识图谱构建的主要流程包括"架构(Schema)构建""实体识别""实体关系抽取"三个主要模块。本书的整体框架是：针对知识图谱构建每个流程中的痛点，考虑专业社交媒体语料特点，从满足"准确性""时效性""专业性"要求的角度出发，探索基于深度学习、前沿自然语言处理技术的专业社交媒体知识图谱构建方法。建模框架如图 7.1 所示。

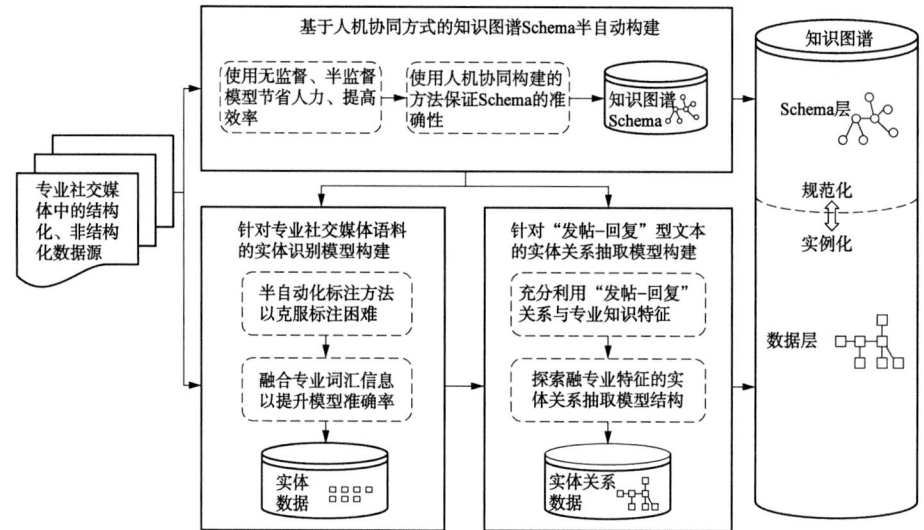

图 7.1 专业社交媒体知识图谱构建

图 7.1 从左到右展示了数据从专业社交媒体到知识图谱的过程，针对上述三点知识图谱构建的要求，本书对知识图谱各流程的细分思路进行了说明。

(1) Schema 构建：基于人机协同方式的知识图谱 Schema 半自动构建

① 使用无监督或半监督模型以节省人力、提高效率；

② 使用人机协同构建的方法保证 Schema 的准确性。

(2) 实体识别：针对专业社交媒体语料的实体识别模型构建

① 探索半自动化标注方法以克服标注困难；

② 融合专业词汇信息以提升模型准确率。

(3) 实体关系抽取：针对"发帖-回复"型文本的实体关系抽取模型构建

① 充分利用"发帖-回复"关系与专业知识特征；

② 探索融专业特征的实体关系抽取模型结构。

上述步骤的各部分内容将围绕上述的总体思路与每个细分行文思路开展,并层层深入,立志于得到符合要求的构建方法。此外,随着近些年深度学习技术在自然语言处理领域大放异彩,卷积神经网络(CNN)、循环神经网络(RNN)、注意力(Attention)机制、双向编码器表示(BERT)等模型的成功,使动态、高质量、自动化地构建知识图谱成为可能。因此,本书中所涉及的文本相关的机器学习模型均优先探索深度学习模型。

7.2.3 基于人机协同方式的知识图谱Schema半自动构建

知识图谱的Schema相当于该领域内的数据模型,包括了该领域内的概念类型以及这些类型的属性,因此Schema构建是构建知识图谱的首要步骤。传统的Schema构建方法是依赖于领域专家人工构建,这种构建方法耗时耗力,难以满足知识图谱"时效性"的要求。因此,本书将探索基于图神经网络的半自动化模型,该模型以少量的人工参与保证Schema的构建质量,以图神经网络(GNN)无监督的特性提升构建的效率,从而保证"时间动态性",最终形成层次为实体集、关系集、属性集的知识图谱Schema。基于人机协同方式的知识图谱Schema半自动构建的具体流程如图7.2所示。

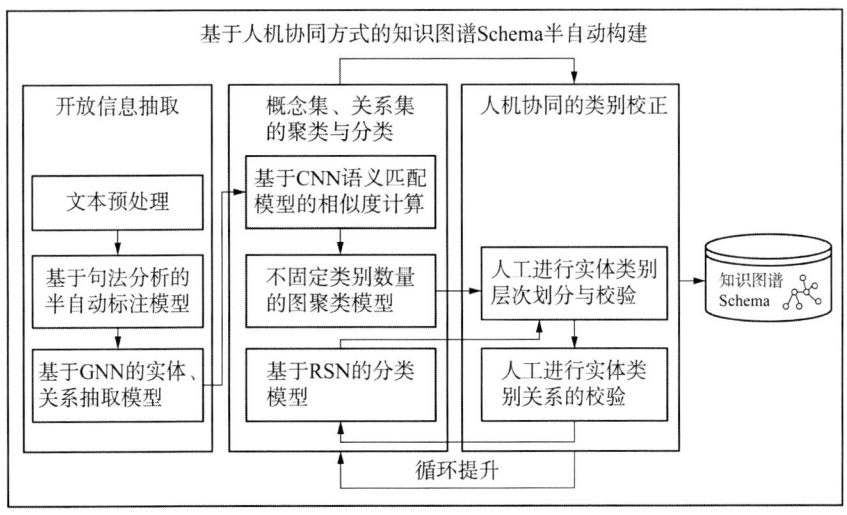

图7.2 基于人机协同方式的知识图谱Schema半自动构建

（1）开放信息抽取

开放信息抽取，包括三个部分。文本预处理：对句子进行分词、词性标注、去停用词等预处理过程。基于句法分析的半自动标注模型：基于语法解析得到名词性短语，以短语之间的词语为关系并进行规则筛选构建三元组正样本，以随机替换等方式构建负样本，人工构建特征训练贝叶斯分类器。基于GNN的实体、关系抽取模型：如上对句子中的名词性短语和关系进行抽取，根据分类器判别所抽取的三元组是否可信。

（2）概念集、关系集的聚类与分类

概念集、关系集的聚类与分类研究将基于下述三个步骤开展。基于CNN语义匹配模型的相似度计算：在已有的关系标注数据上，基于CNN模型训练句子之间的语义匹配模型，并将此模型用于计算测试数据中句子之间的相似度矩阵。不固定类别数量的图聚类模型：利用基于图的聚类算法-鲁汶算法（Louvain）进行不固定聚类类别的聚类。基于关系堆叠网络（Rang Spare Net，RSN）的分类模型：RSN模型在半监督、远程监督的关系识别任务上都取得了很好的效果。此类模型受限于已有的实体识别和句法分析工具或者需要先验的标注数据进行更加精准的聚类，且其仅对关系进行聚类但没有进行显式的抽取。

（3）人机协同的类别校正

基于半监督与无监督方法进行分类和聚类，其准确性相对于有监督学习的方法效率较差，且依赖于人工对结果的解读。因此，首先对无监督聚类的结果进行类别命名与分析，然后使用"小步快跑"的方式，并多次循环，人工对少量有监督模型的分类结果进行校验与标记，以保证每次人工校验循环会提升分类模型的准确性。

7.2.4 针对专业社交媒体语料的实体识别建模

学术界在实体识别的研究中，通常使用新闻与传统社交媒体语料训练实体识别深度学习模型。然而新闻文本具有专业性特点，但其行文严肃，不符合专业社交媒体语料"随意性""口语化"的特点；传统社交媒体语料，如"微博"等，其语料涉及领域较广，缺少"专业性"的特点。因此，在使用专业社交媒体语料数据进行实体识别时，其准确性无法保证。

本书将首先构建融合专业知识的半监督数据标注模型，该模型能够对专业社交媒体语料文本进行大规模 BIO(Beginning、Inside、Outside)标注,以快速构建规范、有效的通用数据集;其次,通过研究针对社交媒体语料的文本处理方法,将专业领域的词汇信息作为入模特征,设计与构建专业词汇增强的实体识别模型,完成实体识别任务。上述两个流程的具体内容如图 7.3 所示。

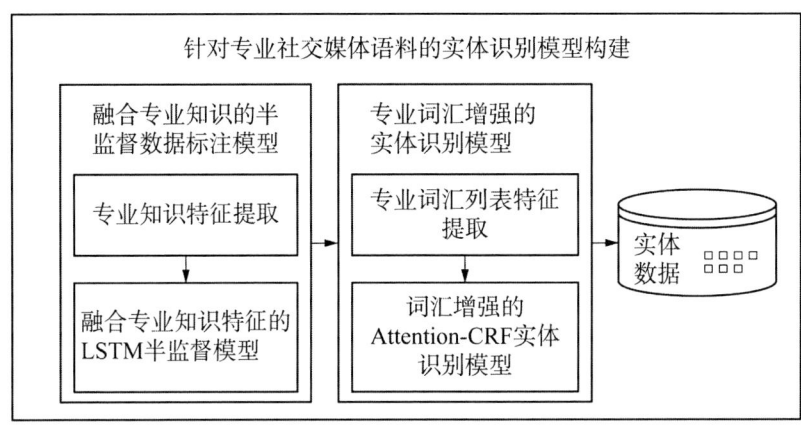

图 7.3　针对专业社交媒体语料的实体识别模型构建

(1) 融合专业知识的半监督数据标注模型

本书将使用 BIO 标注体系对数据进行标注。融合专业知识的半监督数据标注模型,是根据已有的人工标注进行有监督的学习,然后再判断新的文本数据中每个词语的 BIO 属性,流程包括如下两部分。专业知识特征提取:梳理已有的专业词语分类以及词语间的关系,将其分类作为第二层标注信息,作为 BIO 标注的补仓。融合专业知识特征的 LSTM 半监督模型:首先选择 LSTM 模型,LSTM 模型对多维度序列的输入输出结构十分灵活,且对于序列数据的分类问题具有较好的效果;其次在构建半监督学习的标注模型时,该模型的输出不仅包括每个词语的 BIO 信息,还需输出每个词汇可能的专业分类和属性;最后通过人工校验,循环训练模型以获取大规模的训练数据。

(2) 专业词汇增强的实体识别模型

构建专业词汇增强的实体识别模型,包括两个步骤。专业词汇列表特征提取:使用种子专业词汇列表进行扩充,得到内容丰富的专业词汇列表,并通过这些专业词汇出现的序列,获取它们在文本中的联合分布,作为专业词汇特征。词汇增强的注意力机制-条件随机场(Attention-CRF)实体识别模型:最终完成实体识别任务,形成包含已识别实体的数据库。

7.2.5 基于深度学习的"发帖-回复"型文本的实体关系抽取建模

实体关系抽取(Entity-Relation-Extraction,ERE)模型是指对给定的实体对之间的关系类型进行分类,已有研究中所使用的数据源类型多为"句子级关系抽取""文档级关系抽取"等。

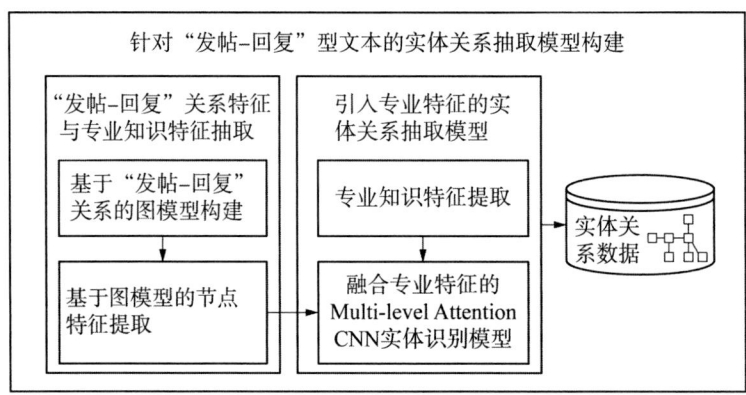

图 7.4 基于深度学习的"发帖-回复"型文本的实体关系抽取建模

然而专业社交媒体中的语料多是以"帖子"的形式呈现的,每个帖子还有相应的"跟帖"与"回复",这种"发帖-回复"型的语料蕴含了更多实体间关系的信息,是天然的图模型。因此,本书将构建图模型,并从图模型中抽取相关性特征,作为实体识别的入模变量。

(1) "发帖-回复"关系特征与专业知识特征抽取

针对"发帖-回复"型文本的专业知识提取包括两个部分内容。基于"发帖-回复"关系的图模型构建:构建以实体为节点、"发帖-回复"关系为边的图模型。基于图模型的节点特征提取:从图中提取特征与从正常数据中提取特征完全不同。图中的每个节点都是相互连接的,已有适合于图的特征提取方法,包括节点级、图级和邻域重叠级,具体的图模型包括中心度、聚集系数、邻接矩阵等。

(2) 引入专业特征的实体关系抽取模型

实体关系抽取是知识图谱构建过程中难度最高的任务,为了保证抽取模型的质量,本书将融合专业知识对模型结构进行改进。专业知识特征的提取:通过对已有专业词汇、词汇间关系构建联合分布,获取每个专业词汇和词汇间关系的分类与重要程度权重。融合专业特征的多层次注意力卷积神经网络(Multi-level Attention CNN)实体识别模型:将注意力机制引入 CNN 中,给更能够反映实体关系的词语赋予更大的权重。此外,也能够通过多层级的注意力机制充分挖掘专业知识特征,时间维度的因素也将作为入模变量,以得到随时间变化的实体关系。最终,通过上述实体关系抽取模型,获得实体关系数据,这些数据是知识图谱数据层的主要数据。

第8章 总　　结

本书以提升专业社交媒体中的用户与企业获取高价值知识的效率与准确性、降低知识获取成本为目的,针对专业社交媒体中的用户知识引入了知识管理流程,以知识主题为核心,提出了用户知识管理的新方法与新工具,并对基于主题图谱的专业社交媒体用户知识系统进行了建模。同时,本书选取汽车专业社交媒体"汽车之家论坛"作为实验对象,进行了汽车之家论坛中的用户知识系统建模实验,验证了系统中各模块的有效性。具体来说,本书取得了以下几个方面的成果。

(1) 本书设计了专业社交媒体用户知识系统的总体建模框架,包含四个部分:原始数据获取、主题图谱建模、知识元建模、知识检索与匹配建模。原始数据可为用户知识系统中的主题图谱、知识元的抽取转换提供原始数据库。主题图谱建模为知识元建模提供知识系统的主题脉络,是用户知识系统的"树干";知识元建模在主题脉络上提供了具体的知识单元,是用户知识系统的"枝叶";知识检索与匹配建模在主题图谱与知识元的基础上为用户提供知识供应,是用户知识系统产出的"果实"。本建模框架中各部分内容的设计考虑了知识管理的流程、专业社交媒体用户语料的特点、用户的知识需求以及知识主题的增效作用,最终构建相互关联的主题图谱库、知识元库与知识检索与匹配服务,从而形成专业社交媒体用户知识系统建模的核心内容。

(2) 本书针对专业社交媒体中的用户语料数量巨大、长短不一、专业性强、创作随意性强、口语化的特点,提出了一种人工参与少、内容纯净且结构合理的主题图谱构建方法。该方法充分利用 Skip-Gram 模型的特性,综合使用语义相似度与上下文关联度建立词语间关系,然后采用扩充的种子本体词汇与结合本体词汇的 LDA 模型获取主题与主题词,利用图模型和谱聚类获取主题之间的关联关系与层次结构,从而构建专业社交媒体的主题图谱。本书使用了原始数据库中的"汽车之家论坛"用户语料,对该主题图谱构建方法进行了实验验证,实验结果表明,扩充种子本体词汇与结合本体词汇的 LDA 模型方法,剔除掉了词典中 84.2% 的非汽车领域词汇,将抽取的汽车之家论坛主题词的纯净度提升了 20.2%。从主题图谱的可视化展示中可以清楚地看出主题之间的关联关系、主题与子主题之间的层次结构以及子主题之间的关联关系。

(3)在主题谱图的基础上,本书设计了以主题元素为核心,包含情感倾向、关键词、关键句等元素的专业社交媒体用户知识系统中的知识元,以精简的形式较为全面地反映知识元中的关键信息。针对这类知识元,本书提出了一种新的知识元抽取方法。首先,通过 LDA 模型提取出专业社交媒体中文本的主题,并对主题进行聚类与去重,形成主题列表。其次,通过融合文本主题构建了适用于专业社交媒体文本的 T-LSTM 模型。再次,融合 TextRank 算法与主题相似度算法对文本中的关键词与关键句进行抽取,用于对主题与情感倾向的解释与补充。最后,对上述模型进行封装,通过封装程序将帖子文本转换为知识元,形成了完整的知识元抽取方案。实验结果表明,该方法在主题提取方面,进一步降低了主题的冗杂程度;在主题情感分析方面,围绕文本主题进行情感分析,提高了情感倾向分类的准确率;在关键词句方面,抽取得到的关键词句更加贴近文本主题。抽取的知识元准确率达到 69.1%。

(4)为向用户或企业提供准确的、精简的、全面的知识,本书探索了新的知识检索与匹配方法。首先定义能够体现知识需求与知识供应真实性、准确性、多样性的知识组织形式。然后根据知识需求与知识供应的结构特点,采用了基于倒排索引的 FP-Tree、基于 BLEU 模型的相似度矩阵、AP 聚类、关键信息抽取等方法,对知识需求与知识供应进行识别与抽取,同时构建满足准确性与高效性要求的知识匹配方法。模拟用户实际知识搜索流程,使用汽车之家论坛中的语料、主题图谱、知识元进行的实验表明,所提出的专业社交媒体用户知识系统的知识匹配方法是一种有效的知识匹配方法,能够为用户提供分层次、有逻辑的专业知识。

本书专业社交媒体用户知识系统建模，以知识主题为核心，沿着"知识系统框架建模—主题图谱与知识元获取—知识检索与匹配"这一行文思路，完成了系统建模与实验验证等任务，形成了初步的成果，其创新点包含：①本书提出了基于主题图谱的专业社交媒体用户知识系统框架，该框架以知识主题为核心，通过原始数据获取、主题图谱建模、知识元建模、知识检索与匹配建模等四个模块，能够自动化地收集海量的用户语料，将用户语料转化为结构化的、有序的、纯净的专业知识，最后将知识提供给相应的用户与企业。②本书提出了一种人工参与少、内容纯净且结构合理的主题图谱构建方法，实现了知识图谱的可视化，并通过主题图谱为专业社交媒体用户知识系统提供了主题基础。③本书提出了一种适合专业社交媒体、包含多种知识元素且准确性较高的知识元抽取方法，为专业社交媒体用户知识系统提供了丰富的知识内容。④本书提出了一种准确、高效的知识检索与匹配方法，该方法对知识需求与知识供应实现了知识组织创新，构建了适合专业社交媒体用户需求的知识组织，并设计围绕专业社交媒体中主题的高效匹配算法，构建了完整的知识检索与匹配流程。

References

参 考 文 献

[1] 吴麟龙,汪波.虚拟品牌社区对品牌关系的影响机制研究——以小米社区为例[J].管理案例研究与评论,2015,8(1):71-83.

[2] ZAIM S, BAYYURT N, TARIM M, et al. System dynamics modeling of a knowledge management process: A case study in Turkish airlines[J]. Procedia-Social and behavioral sciences, 2013(99): 545-552.

[3] ZHANG Z, LAW R. The concerns of authors: Textual analysis of online journal reviews [J]. Serials Review, 2013,39(4):227-233.

[4] 吴振华.主题地图及其在知识管理中的应用初探[J].远程教育杂志,2005(6):36-39.

[5] 王萍.基于概率主题模型的文献知识挖掘[J].情报学报,2011,30(6):583-590.

[6] WANG H, JHOU H, TSAI Y. Adapting topic map and social influence to the personalized hybrid recommender system [J]. Information Science, 2021,575(10):762-778.

[7] 韩永青,陈卓群,夏立新.国内外主题图应用研究述评[J].图书情报知识,2008(6):105-110,128.

[8] 王知津.知识组织的目标与任务[J].情报理论与实践,1999,22(2):65-68.

[9] 郭韧,陈福集,程小刚.基于证据推理的网络舆情知识动态匹配[J].情报学报,2017,36(12):1290-1301.

[10] DRUCKER P.F. Post-Capitalist Society[M]. New York: Harper Business,1994:26.

[11] DAVENPORT T H, PRUSAK L. Working knowledge: Managing what your organization knows [M]. Boston: Harvard Business School Press, 1998.

[12] NONAKA I. A Dynamic Theory of Organizational Knowledge Creation [J]. Organization Science, 1994,5(1):14-37.

[13] NAHAPIET J, GHOSHAL S. Social capital, intellectual capital, and the organizational advantage [J]. The Academy of Management Review, 1998,23(2):242-266.

[14] NONAKA I, TAKEUCHI H. The knowledge creating company [M]. London & New

York: Oxford University Press, 1995.

[15] WIIG K M. Knowledge management: Where did it come from and where will it go? [J]. Expert Systems with Applications, 1997, 13(1): 1 - 14.

[16] 张斌,魏扣,郝琦. 国内外知识库研究现状述评与比较[J]. 图书情报知识, 2016(3): 15 - 25.

[17] 王君,樊治平. 一种基于Multi-Agent的组织知识获取模型框架[J]. 中国管理科学, 2004, 12(1): 42 - 46.

[18] 杨洁,杨育,赵川,等. 产品创新设计中基于本体理论的客户知识集成技术研究[J]. 计算机集成制造系统, 2009, 15(12): 2303 - 2311.

[19] 刘向斌,杨珉. 基于Web2.0的企业知识管理系统设计与实现[J]. 计算机工程, 2009, 35(8): 104 - 106, 109.

[20] 张艳. 基于知识密集服务的虚拟社区知识管理模型[J]. 情报科学, 2015, 33(4): 25 - 28, 39.

[21] 刘莹. 基于本体进化和知识检索联动的知识管理系统[J]. 情报科学, 2016, 34(4): 62 - 67.

[22] 叶春森,汪传雷,梁雯. 基于云计算的企业知识管理系统再造体系研究[J]. 情报理论与实践, 2016, 39(3): 80 - 84.

[23] DORASAMY M, RAMAN M, KALIANNAN M. Integrated community emergency management and awareness system: A knowledge management system for disaster support [J]. Technological Forecasting and Social Change, 2017(121): 139 - 167.

[24] LI Y, ALQAHTANI A, SOLAIMAN E, et al. IoT-CANE: A unified knowledge management system for data-centric Internet of Things application systems [J]. Journal of Parallel and Distributed Computing, 2019(131): 161 - 172.

[25] XUE D, YADAV S, NORRIE D H. Knowledge base and database representation for intelligent concurrent design [J]. Computer-Aided Design, 1999, 31(2): 131 - 145.

[26] 姜永常. 基于知识元的知识仓库构建[J]. 图书与情报, 2005(6): 73 - 74, 105.

[27] VELÁSQUEZ J D, PALADE V. A Knowledge Base for the maintenance of knowledge extracted from web data [J]. Knowledge-Based Systems, 2007, 20(3): 238 - 248.

[28] 吴长彬,闾国年. 国土资源知识库的建设与应用[J]. 地理与地理信息科学, 2008, 24(4): 70 - 74.

[29] LUBLINER D, WIDMEYER G, DEEK F P. On the design and development of a domain based integrated knowledge repository [J]. ACM SIGITE Research in IT, 2010, 7(1): 4 - 24.

[30] 李耀昌,刘建准,姚伟. 基于知识组织层次模型的知识库构建[J]. 情报理论与实践, 2010, 33(8): 118 - 120, 117.

[31] SANTOS E, LI D, SANTOS E E, et al. Temporal bayesian knowledge bases-reasoning about uncertainty with temporal constraints [J]. Expert Systems with Applications, 2012, 39(17): 12905 - 12917.

[32] 洪婕,张健,胡亮. 基于领域本体知识库的专业搜索引擎查询推荐算法研究——以盐湖化工领域为例[J]. 情报学报, 2014, 33(10): 162 - 177.

[33] XU X, YUAN C, ZHANG Y, et al. Ontology-Based Knowledge Management System

for Digital Highway Construction Inspection [J]. Transportation Research Record, 2019,2673(1):52-65.

[34] 崔靖华,包翔,陆介平,等.面向产品创新的专利知识库框架构建研究[J]. 2020,39(2):0-2.

[35] ELLOUZE N, AHMED M BEN, METAIS E. 14th International Conference on Applications of Natural Language to Information Systems[C]. Springer, 2008: 102-112.

[36] LACHER M S, DECKER S. RDF, Topic Maps, and the Semantic Web [J]. Markup Languages: Theory and Practice, 2001,3(3):313-331.

[37] BÖHM K, HEYER G, QUASTHOFF U, et al. Topic map generation using text mining [J]. Journal of Universal Computer Science, 2002,8(6):623-633.

[38] JOSE-GARCIA A, LOPEZ-AREVALO I, SOSA-SOSA V. CCE 2012 - 2012 9th International Conference on Electrical Engineering, Computing Science and Automatic Control[C]. Mexico City: IEEE, 2012: 1-6.

[39] 夏火松,李保国,杨培.基于改进K-means聚类的在线新闻评论主题抽取[J].情报学报,2016,35(1):55-65.

[40] 彭云,万常选,江腾蛟,等.基于语义约束LDA的商品特征和情感词提取[J].软件学报,2017,28(3):676-693.

[41] KASLER L, VENCZEL Z, VARGA L Z. Framework for semi automatically generating topic maps[C]//STEIN B, KAO O. Proceedings of the 3rd international workshop on text-based information retrieval. Aachen:CEUR Workshop Proceedings,2006: 24-29.

[42] DICHEVA D, DICHEV C. TM4L: Creating and browsing educational topic maps [J]. British Journal of Educational Technology, 2006,37(3):391-404.

[43] ROBERSON S, DICHEVA D. Semi-automatic ontology extraction to create draft topic maps [A]. ACMSE '07: Proceedings of the 45th Annual ACM Southeast Regional Conference [C]. Winston-Salem, ACM: 2007:100-105.

[44] SUOMINEN A, TOIVANEN H. Map of science with topic modeling: comparison of unsupervised learning and human-assigned subject classification [J]. Journal of the association for Information Science and Technology, 2016,67(10): 2464-2476.

[45] 白如江,冷伏海,廖君华.一种基于科技规划文本的研究前沿主题地图构建方法[J].图书情报工作,2017,61(23):114-121.

[46] 李煜,刘虹,孙建军.中国图书馆学博士论文研究主题图谱分析[J].2018,37(6):22-30.

[47] 文庭孝,汪全莉,侯经川,等.中文文本知识元的构建及其现实意义[J].中国图书馆学报,2007,33(6):91-95.

[48] 姜永常.知识构建的基本原理研究(下)——知识构建的技术支撑[J].图书情报工作,2009,53(6):100-104.

[49] 温有奎,温浩,徐端颐,等.基于知识元语义网格平台的知识发现研究[J].计算机工程与应用,2006(4):4-6,34.

[50] 刘淼,王宇.基于主题句的期刊文献知识元库构建[J].情报杂志,2012,31(11):145-149.

[51] 杨亮.面向社交媒体的文本情感分析关键技术研究[D].大连:大连理工大学,2016.

[52] YIN Y, SONG Y, ZHANG M. Document-level multi-aspect sentiment classification as

machine comprehension[C]// SPECIA L, POST M, PAUL M. Proceedings of the 2017 Conference on Empirical Methods in Natural Language Processing. Copenhagen: ACL Anthology, 2017: 2044 - 2054.

[53] LIN Y, JI H, HUANG F et al. A joint neural model for information extraction with global features[C]// Proceedings of the 58th Annual Meeting of the Association for Computational Linguistics. Seattle: ACL,2020: 7999 - 8009.

[54] ZADEH L A. The concept of a linguistic variable and its application to approximate reasoning-I [J]. Information Sciences, 1975,8(3):199 - 249.

[55] 朱林立,夏幼明,李军华,等.一种改进的模糊知识匹配方法——IDM 法[J].计算机技术与发展,2008,18(8):140 - 144,253.

[56] 赵涛,袁兰静,曾金平.基于隐性语义标引的知识匹配模型及算法分析[J].中国地质大学学报(社会科学版),2006,6(3):54 - 56.

[57] 晏自翔,卞艺杰.隐性知识转移匹配性分析及对策研究[J].情报理论与实践,2017(3): 48 - 52,59.

[58] 阳小华,马家宇,刘志明,等.基于隐性知识的信息检索多维匹配模型[J].郑州大学学报(理学版),2010,42(2):14 - 17.

[59] 王庆全,荣莉莉,于凯.基于最大公约子范畴的应急决策知识匹配研究[J].控制与决策, 2009,24(7):990 - 995.

[60] 龙飞.基于云计算的应急决策知识匹配研究[J].情报理论与实践,2011,34(10):109 - 112.

[61] RUBIOLO M, CALIUSCO M L, STEGMAYER G, et al. Knowledge discovery through ontology matching: An approach based on an Artificial Neural Network model [J]. Information Sciences, 2012(194):107 - 119.

[62] 杨小云,陈雅.知识需求与提供研究[J].情报杂志,2004(3):89 - 90,93.

[63] HUNG S H, LIN C H, HONG J S. Web mining for event-based commonsense knowledge using lexico-syntactic pattern matching and semantic role labeling [J]. Expert Systems with Applications, Elsevier Ltd, 2010,37(1):341 - 347.

[64] 孙玥莹,何彦青,吴广印.基于领域知识库的科技术语信息匹配模型研究[J].情报科学, 2019,37(8):16 - 21.

[65] 马雨萌,王昉,黄金霞,等.基于文献知识抽取的专题知识库构建研究——以中药活血化瘀专题知识库为例[J].情报学报,2019,38(5):482 - 491.

[66] 王若佳,赵常煜,王继民.中文电子病历的分词及实体识别研究[J].图书情报工作,2019, 63(2):34 - 42.

[67] 尹丽春,王悦.基于在线评论的图书消费者满意度影响因素与作用机理[J].图书情报工作,2019,63(22):106 - 117.

[68] 姜景,王文韬.面向突发公共事件舆情的政务抖音研究——兼与政务微博的比较[J].情报杂志,2020,39(1):100 - 106,114.

[69] 蔡晓妍,戴冠中,杨黎斌.谱聚类算法综述[J].计算机科学,2008,35(7):14 - 18.

[70] 公路交通科学名词审定委员会.公路交通科技名词[M].北京:科学出版社,2016.

[71] 卜曲.品牌社区网络结构及成员互动内容研究[J].现代商贸工业,2016,37(4):55 - 56.

[72] 吴婧.试论网络论坛的文本构建特色[J].新闻研究导刊,2016,88(4):66 - 67.

[73] 涂海丽,唐晓波,谢力.基于在线评论的用户需求挖掘模型研究[J].情报学报,2015,34(10):1088-1097.

[74] GRAVES A. Supervised Sequence Labelling with Recurrent Neural Networks [M]. Berlin: Springer, 2012.

[75] 梁军,柴玉梅,原慧斌,等.基于极性转移和LSTM递归网络的情感分析[J].中文信息学报,2015,29(5):152-159.

[76] MIHALCEA R, TARAU P. TextRank: Bringing Order into Texts [A]. Proceedings of the Conference on Empirical Methods in Natural Language Processing [C]. 2004: 404-411.

[77] 韩龙士.互联网+汽车 新思维与商业模式创新[J].企业管理,2015,(7):104-106.

[78] 王建明,袁伟.基于节点表的FP-Growth算法改进[J].计算机工程与设计,2018,39(1):140-145.

[79] MCCANDLESS M, HATCHER E, GOSPODNETIC O. Lucene in action[M]. New York: Manning Publictaion Co., 2010.

[80] 肖君德.知识元相似度模型及融合方法研究[D].大连:大连理工大学,2012.

[81] FREY B J, DUECK D. Clustering by passing messages between data points [J]. Science, 2007,315(5814):972-976.